# Les Champs du Possible

Nouvelles

Olivier Mailleux

ISBN : 9791096076000

oliviermailleux73@gmail.com

# Table des matières

## *Les valises intérieures*

Vingt cinq kilos, c'est ce dont elle a droit.

Elle le sait, alors pourquoi depuis des heures, elle n'arrive toujours pas à tout caser ?

Elle a beau défaire et refaire, s'organiser et fonctionner par élimination, rien n'y fait, elle ne descend pas au dessous des trente huit kilos.

Julie s'énerve et ça ne l'aide pas…

— Mais comment font quelques jeans, chaussures, hauts, shorts, maillots de bain, vanity et serviettes pour peser si lourd ? Je n'ai pas de robes en plomb moi, c'est du coton putain !

Si sa mère avait été là, elle lui aurait dit :

— Tu t'énerves sur ta valise pour ne pas t'énerver sur *CE* départ ! Faut bien que ça sorte…

Julie s'assoit sur son lit et regarde par la fenêtre. Dehors, un pigeon se pose quelques secondes sur le rebord du balcon et reprend son envol.

Facile quand on n'a pas de valise, se murmure-t-elle.

Parce que c'est son côté pas raisonnable qui lui va bien et qu'elle se dit maîtriser comme la jeune adulte qu'elle est, Julie se roule un petit joint. Pour mieux réfléchir… Ou au contraire d'ailleurs, ne plus réfléchir. Dans les deux cas, elle se voit gagnante.

Est-ce cette respiration lente imposée par le rythme de sa fumée clandestine ou par les effets de cette dernière ? Peut-être ce ciel aux nuages éclatés où le soleil meurt ses dernières heures ? Mais Julie est bien. Et de cette vue imprenable, les choses se regardent sous un autre vent.

Ce départ ?

N'était-il pas avant tout un changement ? Un de ces virages qu'on a si peu l'habitude de négocier ? Quand il s'agit de tout recommencer à zéro. Sa vie affective, professionnelle, son réseau d'amis.

Refaire sa vie à la veille de ses quarante ans…

Il y a quelque mois tous ses proches le lui conseillaient, et maintenant qu'elle en fait le choix, tous la mettent en garde :

— Tu le connais à peine… Et s'il te largue là-bas ?

Et comment tu vas faire pour la maison ? Tu la vends ou tu la loues ?

Ton boss a accepté de te licencier ou tu démissionnes ?

— Ta mère est au courant ?

— T'as pensé aux maladies ?

— Et ta fille, tu l'emmènes ou tu la laisses à Jérôme ?

Le visage de sa fille lui remplit l'esprit, puis le cœur, en le serrant fort, comme s'il avait le pouvoir de le pincer.

Julie pense à toutes ces certitudes qu'elle s'est forgée pour faire son choix.

Des heures à se renseigner sur ce pays. Sur les possibilités de trouver un job correspondant à ses compétences. Sur les maladies, les coutumes, la nourriture, les excursions, le climat. Et de ce petit pays là-bas, elle en a levé toutes les barrières.

Quant aux questions purement matérielles, elle a réussi à convaincre son employeur de la licencier et la maison est affichée dans plusieurs agences.

Pour ce qui est de ses sentiments et de sa si récente nouvelle histoire, elle n'a qu'à penser à son sourire et à ses yeux pour être sûre. Il y a des regards qui vous sont déjà des voyages. Et elle a appris pendant ces deux ans de solitude suivant son divorce, qu'elle ne supportait pas de dormir seule. De ne pas sentir la présence réconfortante d'un homme à côté d'elle. Le long de ses jambes, contre ses hanches. Sentir la peau d'un complice pour des nuits à lire, à parler ou à s'enfuir à deux... Alors celui-là qui lui redonne le rythme sanguin d'une adolescente et l'impossibilité de raccrocher au téléphone, elle ne peut imaginer le laisser s'enfuir seul.

Ne reste que Zoé. Sa douce, sa tendre Zoé. Son amour le plus grand.

Et à y réfléchir de nouveau, les deux conversations qui ont continué à lui donner d'autres feux verts pour son projet de partir ont sans aucun doute été trop dans son sens pour ne pas cacher quelques pièges à cicatrices.

La première, elle l'a eue avec son ex-mari. Dans son salon, autour d'un café. Avec ces regards de ces gens qui se sont pourtant tant regardés mais qui ne se regardent plus comme avant.

Tu vas le suivre ?

— Oui.

— Et Zoé ?

— Je pensais que tu serais d'accord pour la garder. Sa mutation dure deux ans.

— Et après, elle se transforme en papillon ?

— Non ! Pas sa mutation à elle, mais à lui, celui que je vais suivre.

— Celui dont je ne veux pas connaître le prénom…

— Oui…

— Ce n'est pas toi qui a insisté lors du divorce que le mieux serait de rester dans la même ville jusqu'à sa majorité ? Et toi encore, qui m'a dit un an après que je devais m'accrocher à mon boulot plutôt que de répondre à la proposition de mon cousin de le rejoindre à Nice ?

— Oui…

— Et ?

— Et quoi ?

— Pour toi, la règle ne s'applique pas ?

— Ce n'est pas une règle, c'est un confort. Un confort pour elle, pour nous. Et, moi je veux juste vivre deux ans pour moi. Juste pour moi… deux ans avant de repasser ma vie à penser à celle des autres. Deux ans à être femme et à découvrir un continent. Juste vingt quatre petits mois à dire *Je*…

Jérôme l'a regardée et contre toute attente lui a simplement souri avant de lui répondre :

— Pour moi, c'est ok Julie. Deux années pleines avec ma petite perle, tu me fais presque un cadeau sans le vouloir. Maintenant, pour son *confort*, tu sais que c'est à elle de donner son avis aussi.

— Oui…

Elle a rajouté quelques mercis, et lui quelques sourires tantôt envieux, tantôt gênés. Et c'est après l'avoir raccompagné à la porte d'entrée, qu'elle s'est aperçue qu'il n'avait pas touché à son café.

La seconde conversation s'est passée sur le coin d'un lit d'enfant.

Au milieu de tous ces posters de chevaux en train de cabrer, galoper, sauter.

Au bord des plus belles boucles blondes du monde.

— Tu veux partir ?

— J'aimerais bien faire ce grand voyage, c'est vrai…

— Comme un peu une grande aventure ?

— Comme une grande aventure.

— Mais il peut y avoir des méchants dans ton aventure ?

— Il n'y en a qu'un ma chérie, et que je ne pourrais pas combattre.

— Pourquoi ? Il est comment ? Il peut t'attraper ? Il a un nom ?

— Il est grand et pourtant il arrive à se cacher dans le cœur. Il est comme un précipice, un grand vide. C'est pas un monstre, même s'il lui ressemble, c'est un sentiment : l'absence. Parce que la seule chose méchante de cette aventure c'est que tu vas me manquer très fort…

— T'as qu'à remplir ton cœur de moi plutôt que d'absence !

A ces mots d'enfant qui ont la nuance juste d'une note de musique posée et parfaite, Julie n'a rien rajouté pendant quelques secondes, tout en serrant sa fille contre elle. Puis elle a rompu ce silence doux pour demander :

— Et toi ma belle ? Si je m'en vais deux ans, tu penses que tu y arriveras ?

— Je serai chez Papa à t'attendre et j'essayerai de…

— De…?

— Ne pas grandir trop vite…

Julie regarde sa valise, la soulève et la pèse : vingt cinq kilos !

La nuit est presque déjà en train de s'envoler de sa robe sombre vers un bleu de plus en plus pâle. Dehors on entend par intermittence le bruit des camions poubelles.

A 6h25 dans le taxi qui l'emmène à l'aéroport, elle se met à pleurer.

Tout doucement. Sans un bruit.

Julie respire aussi doucement qu'elle pleure.

Pour ce combat perdu d'avance dans ces prix à payer pour toute chose.

Pour le choix qu'elle s'est accordé.

Pour l'homme qu'elle aime.

Pour sa fille.

Toutes ces tonnes d'émotions qui remplissent sa valise intérieure.

Cette étrange valise qu'on ne voit pas venir et qui ne se glisse que dans les départs.

Sur un banc. Derrière un comptoir d'attente, ou sur la banquette arrière d'un taxi. Dépassant largement les vingt cinq kilos si les sentiments pouvaient se peser.

Valise invisible que portent ceux qui voyagent, partent, s'en vont, avec cette ambiguïté d'emmener avec eux, tous ceux qui restent…

## *Il est temps*

Combien de fois ? pense Jérémie.

Combien de fois dans ma vie ai-je regardé ma montre pour mesurer le temps et mon retard ? Combien de rendez-vous obligés avec l'école, les études, les années de boulot ?

Comme si le temps veut donner sa propre réponse, le réveil sonne.

Chaque matin, c'est comme ça désormais, Jérémie se réveille bien avant son réveil mais ne l'éteint pas, comme pour laisser une sortie de secours à quelques courses de rêves.

Oui, depuis des semaines, peut-être des années, chaque matin, le même rituel et pour finir la même course à cause de ce retard qui n'en finit pas et qui lui a valu tant de réflexions de la part de sa mère, de ses profs, de ses amis, de son patron…

Jérémie répète souvent : " C'est comme ça, je suis toujours en retard ! Et même lors de ma propre mort, je le serai… "

Depuis les résultats d'hier, et cette voix particulière de son médecin, il sait qu'il a tort.

Sur ce coup là le sort en a décidé autrement. Il sera pour une fois, bien en avance au rendez-vous.

Alors ce matin, il prend quelques minutes en plus… Sous les draps, son chat au bout du lit le regarde en clignant des yeux comme s'il était satisfait d'avance. Au-dessus, le plafond blanc, et le ballet des phrases d'une vie qui vient d'être bousculée.

Jérémie pense.

Au temps qui lui reste. Aux gens qu'il a peur de perdre et de rendre tristes. A ces vies qu'il aurait voulu avoir. Aux petits et aux grands rêves.

Il pense à un tunnel. A une piste d'aéroport. A une gare.

Il se rappelle des souvenirs d'enfant, des goûts et des visages qui tournent dans le vent de ses jeunes années. Tout un *hier*, un sourire aux lèvres et une boule dans la gorge…

Et d'un seul coup, il pense à elle. Comme une baffe, son visage en plein cœur.

Quelque chose qui le fait se dresser sur son lit, et donne au chat cette impression que ça va être le bon moment.

Que devient-elle ? Peut-être toujours là-bas, sur les bords de la mer Noire ?

Jérémie se lève, s'habille et en moins de vingt minutes a fait son sac, rassemblé ses papiers et son argent.

Parce qu'il est temps…

# *Des fleurs et des quiproquos*

Nicolas poussa la porte, déclenchant le carillon.

Dès les premiers pas dans la boutique, il fût envahi de parfums. Cette vague d'odeurs lui donna presque le vertige. Tellement différente de celle de la rue juste derrière lui, et tellement nouvelle aussi. Pourtant, il semblait distinguer quelques sensations déjà connues, pouvant presque nommer les fleurs qui en étaient la source.

Il déambula doucement dans ce couloir végétal, rentrant dans un autre monde, là où la ville n'existe plus. Attardant son regard sur ces formes aussi étranges que fantastiques que sont les orchidées, il se demanda combien de kilomètres avaient parcouru ces merveilles éphémères pour se trouver là, sous ces yeux.

— Celles-là viennent de Madagascar.

La voix était venue de derrière, comme souvent dans les boutiques quand on se met à regarder avec insistance un article, un vêtement, une fleur.

Lorsqu'il se retourna, Nicolas eut un léger mouvement de recul. Comme si une autre beauté s'offrait à lui. De ses yeux verts brillants, sous un bouquet de boucles brunes, la jeune fleuriste le fixait. Elle rompit ce nouveau silence où il se noyait :

— On n'imagine pas les kilomètres que parcourent les fleurs pour venir décorer une table ou une histoire. Ici, elles viennent des quatre coins du monde, et à chaque fois que je les reçois et les déballe, c'est comme si c'était moi qui partait en voyage…

Comme Nicolas restait sans un mot à la regarder, elle continua, en faisant naître au coin de ses lèvres un léger sourire :

— Et vous, vers quelle destination vous voulez vous rendre ? Mariage ? Anniversaire ? Remerciement ? Déclaration ?

— Courtoisie… Les rares fois où j'ai acheté des fleurs, c'était toujours par courtoisie…

La jeune fleuriste s'arrêta à son tour sur le visage qui lui faisait face. Le jeune homme semblait mal à l'aise dans son costume, mais son regard était aussi bleu que fixe. Comme si l'assurance pouvait se cacher derrière cet acteur maladroit dans le rôle qu'il avait sans doute à jouer !

— La courtoisie est aussi nécessaire que fade, on va donc chercher à ne pas mettre trop de couleurs…

— Vous vous adaptez à chaque " destination " ?

— C'est mon métier. Le lien entre vous, votre émotion et les fleurs.

— Et si mon émotion avait été des remords ou de la joie ?

— Pour les remords j'aurai caché une orchidée blanche par exemple dans un bouquet de verdure, car sous le poids des excuses se cache la sincérité. Pour de la joie, il suffit de couleurs, de désordre, une pluie de parfums et quelques morceaux de chocolat.

— Des morceaux de chocolat ?

— En plus d'être éclatante et légère, la joie est aussi une gourmandise…

Parce qu'elle avait un sourire qui allait bien avec ses petites phrases et ses boucles brunes, Nicolas se perdit un peu plus.

— Et pour de la profonde tristesse ?

— Vous voulez tout savoir de mes secrets ?

— Non, mais j'aime bien vos mots, c'est comme si avec vos fleurs je pouvais mieux comprendre les remords ou la joie…

— Vous voyez ce bouquet de clochettes blanches là ?

— Oui, on dirait des petites bulles de pétales prêtes à s'ouvrir…

— Elles ne s'ouvrent que le soir, et comme elles sont gorgées d'eau, les clochettes  pleurent une à deux gouttes quand elles s'ouvrent…

— Idéal pour de la tristesse… Des fleurs qui pleurent…

— Oui… D'autres questions ou l'on en revient à votre courtoisie ?

— Si j'osais… Mais la courtoisie impose aussi de ne pas être en retard…

Quelques minutes plus tard, Nicolas se retrouva de nouveau dans le bruit des gens et dans l'uniformité de la ville. Son bouquet à la main changeait à peine les habitudes de ces invisibles qui marchaient, certains lui jetant juste un regard fugace, à peine rempli de curiosité.

Il regarda sa montre. Plus que dix minutes avant l'heure, il serait donc en retard, mais les fleurs qu'il portait ne lui permettaient-elles pas déjà quelques excuses ? Nicolas accéléra le pas, comme ses pensées sur l'importance de ce rendez-vous, en se remémorant de nouveau les mots qu'il faudrait dire pour convaincre, pour jouer la persuasion et obtenir ce poste, là-bas, autre frontière. Lui qui avait toujours voulu partir, il n'était plus qu'à quelques mètres..

Son portable sonna, après avoir en avoir vérifier l'auteur, il décrocha :

— Nicolas ?

— Oui, Madame la Directrice ?

— J'ai un contre temps important, pouvons nous décaler notre rendez-vous à 18h ?

Les mètres étaient donc devenus des heures. De nouvelles longues heures à attendre. Après avoir confirmé ce nouveau rendez-vous, Nicolas avait raccroché et s'était dirigé chez lui, pour marquer une pause, et sortir le temps nécessaire de ce costume trop étroit. Il détestait ça les costumes, et c'est aussi parce qu'il savait qu'il n'aurait pas de cravate à porter au Mali, qu'il voulait cette mutation. Là-bas, pas de nœud papillon pour cacher la souffrance humaine, les rôles se jouent face à face.

Arrivé en bas de son immeuble, il n'eut pas le temps de ralentir son pas pour ne pas croiser sa sœur qu'il venait d'apercevoir au-dessus d'un capot de voiture, que celle-ci l'interpella :

— Nicolas !

— Oui ma grande ?

— Dis-moi pas que cette fois tu n'as pas oublié ?

— Pardon ?

— Bah… les fleurs… mon anniversaire…

— Eh bien non, tu vois, je n'ai pas oublié ! J'ai même eu peur que tu sois déjà partie de l'appart'… Alors voilà, ma grande, bon anniversaire !

Lorsqu'il put enfin reprendre sa respiration et se libérer de toute l'émotion de sa sœur, Nicolas réussit à rentrer chez lui. Il eut à peine le temps de quitter sa chemise, son pantalon et de régler l'eau de son bain que son mobile sonna encore.

— Nicolas ?

— Oui, madame la Directrice ?

— En fait, je peux plus tôt dans l'après-midi… 15h30, cela vous convient-il ?

— Parfait, madame la Directrice.

D'un geste agacé, il vida la baignoire, puis enfila son costume. Il savait qu'il ne lui restait donc plus qu'une heure trente pour à nouveau acheter un bouquet et retourner au siège.

Lorsqu'il arriva enfin au comptoir de la fleuriste, celle-ci finissait un sandwich, et parut aussi surprise que coupable de le voir.

— Mmm pardon… Je déjeune…

- Il n'y a pas de mal, toutes les fleurs ont besoin de nourriture… En plus d'eau et de lumière, il semble que vous, vous ayez besoin de poulet mayonnaise…

La jeune femme aux boucles brunes rougit et sourit aussi simultanément que naturellement, comme si elle n'avait rien d'autre à cacher que les trésors de sa féminité.

Parce qu'il ne s'avait toujours pas comment se débattre avec ce sourire, Nicolas enchaîna :

— Vous pourriez me préparer le même bouquet ?

— De la courtoisie ?

— De la courtoisie…

— Ça a l'air de fonctionner, je vais en faire une spécialité si vous continuez comme ça…

— Disons que je me suis fait surprendre.

Tout en le regardant au profond de ce regard bleu que décidément elle appréciait de plus en plus, elle lui renvoya la balle :

— Vous ne vous doutez pas de votre succès sans doute…

Si les yeux pouvaient rougir alors ils auraient trahi la même émotion que ses joues. Un compliment déguisé qui touche autant qu'il gêne.

— Non… Je ne mesure pas assez le nombre d'excuses que j'aurai à offrir…

Lorsqu'elle eut fini de lui préparer son second bouquet de courtoisie presque à l'identique, Nicolas ne put s'empêcher de dire à voix haute une question qui le hantait à chaque fois qu'il l'a voyait sourire :

— Vous avez déjà voyagé ? Je veux dire pris l'avion, partie dans un autre pays ? Loin ?

— Non… Seulement à travers les fleurs, la télé et les vacances des autres.

— Alors nous avons ça en commun.

— Des pieds accrochés au sol ? Murmura t elle, en lui rendant sa monnaie.

— Non, des rêves encore intacts. Juste des rêves encore tout chauds…

Son cœur battait à ses tympans.

Et cette course précipitée et ce retard qui n'en finissait pas de le poursuivre et de provoquer tant de fois ce genre d'accélération. Plus que deux rues, et il y serait. Presque à l'heure, avec toujours assez de fleurs dans les mains comme excuse.

Arrivé dans l'ascenseur qui le conduisait au septième niveau, le fameux département ressources humaines, Nicolas se regarda dans la glace. Ses pensées n'arrêtant pas de lui parler de boucles brunes et de pays chauds, il réajusta son nœud de cravate, et respira, son bouquet de fleurs.

Lorsqu'il fut conduit non pas au bureau de la Directrice mais dans la grande salle de réunion, il eut le pressentiment que là aussi ses idées de courtoisie allaient lui jouer un autre tour.

— Des fleurs ? Ne dites pas qu'elles m'étaient destinées Nicolas ? Quand je vous ai proposé cet entretien, vous avez pensez à quoi ?

En regardant tour à tour les sourires moqueurs et les regards parfois gênés des autres membres du jury qui lui faisait face, Nicolas ne chercha pas encore ses mots ou sa réponse, tout juste en train de se réveiller dans cette journée où tout le dépassait.

— C'est comme ça depuis que je suis un jeune homme Madame la Directrice. Quand je suis invité, j'offre des fleurs, que ce soit pour un repas entre amis ou un entretien professionnel. C'est ma façon à moi de jouer le jeu, et tant pis si le mot gentleman n'est plus de mode.

Par sa réponse, Nicolas avait éteint les sourires du jury pour faire naître celui de sa directrice dont il savait qu'elle avait toujours eu une certaine affection pour lui. Amicale, maternelle ou purement féminine, il n'en avait jamais eu clairement la réponse, mais cette attention là s'était peu à peu affirmée depuis son arrivée dans l'entreprise, jusqu'à sa première promotion.

S'en suivit une sorte de fusillade froide de questions autant professionnelles que personnelles, et même si les membres du jury cherchaient tour à tour les contradictions et les incohérences dans chacune de ses réponses, Nicolas ne lâcha pas sa ligne de conduite : des phrases courtes et positives, de l'assurance en toute parole.

Là, derrière ce long bureau aux visages menaçants, les chemins en latérite du Mali…

Pourtant, dans la seconde demi heure, il commença à sentir la fatigue. La fatigue du combat, de cette vente de soi, de tout ce rôle à

jouer, de cette cravate étouffante comme un regard d'adjoint RH. Toujours debout, face à cette cour assise pour le juger, Nicolas pensa à un champ de fleurs sauvages, à une rivière, des mains qui se frôlent, et un ciel qui se regarde allongé.

— Bon, c'est bien tout ça… vos expériences, vos ambitions au sein de notre entreprise, mais la vraie raison ? Celle qui, à l'intérieur de vous, vous pousse à vouloir partir ? Et ne nous parlez plus comme un commercial ou un politique en imaginant les réponses qu'on aimerait entendre.. Non, moi je veux les vraies raisons…

La Directrice avait coupé court à ce ballet de faux semblants et venait de le surprendre par ce désir de vérité.

— J'ai une soif de marin, madame, et je ne supporte plus le gris des villes ni les cravates. Quant à cette idée de faire de l'humanitaire dans des bureaux, c'est comme si j'étais devenu un aveugle à qui on demandait de juger un tableau. Moi, l'humanité, je veux la voir bien en face, même si une petit voix sourde me dit que je risque d'en vomir, je veux du Vrai, madame la Directrice, et un soleil qui me brûle la peau…

Nicolas courut.

Le long des platanes, à travers les passants. Il courut pour que cette journée n'en finisse pas de le surprendre, comme ces fleurs qu'il avait portées, ces femmes qu'il avait croisées. Tant d'émotions si différentes en si peu de temps, sans doute est-ce ça le vertige du destin : des fleurs, des femmes et une pluie de parfums.

Loin, les heures monotones, et les tableaux Excel.

Loin cette fin d'automne, et les solitudes qui se croisent sans s'arrêter.

Loin, la ville, les informations, les cours de la bourse et les faits divers.

Lorsqu'il poussa pour la troisième fois la porte de la boutique, le carillon se déclencha.

Une voix tout au fond du magasin traversa l'espace botanique :

— Je ferme !

— Quelle courtoisie !

Lorsqu'elle sortit de son arrière salle où elle rangeait dans les grands frigos ses fleurs les plus fragiles, la jeune fleuriste aux boucles brunes ne cacha ni son sourire, ni l'éclat de ses yeux. D'un geste habituel, elle appuya sur les boutons de fermeture des rideaux métalliques et de la lumière principale. Puis, elle contourna le comptoir et s'approcha à tout petits pas de lui qui n'avait pas bougé d'un mètre.

— Je ne pensais pas pouvoir être autant… Euh… Enfin, je ne me suis même pas présenté, je m'appelle…

— Chut… Je ne veux pas connaître votre prénom.

— Ah ?

— Pas ce soir. Comme ça vous aurez tous les prénoms possibles du monde, comme si vous étiez mille aventures en une, et qu'il n'y avait que votre regard bleu sur moi qui comptait. Demain, à l'aube, alors je vous connaîtrai mais avant, nous aurons eu nos heures à nous.

Parce qu'il y avait sans doute trop de fleurs, trop de boucles brunes et des mots qui enivrent, Nicolas resta parfaitement immobile, ses yeux perdus sur ce visage qui paraissait avoir déjà décidé de tout.

Il y eut ces secondes délicieuses du juste avant. Ces secondes si particulières où disparaissent dans une sensation mensongère d'éternité, les derniers centimètres…

Il y eut les lumières de la ville traversant par endroits cet aéroport végétal.

Et dans le cœur de deux amants, la certitude sereine et prometteuse de s'être enfin trouvés…

Par hasard et par accident.

Et tous ces rêves encore tout chauds…

## *A la deuxième comète qui passe*

On entendait encore au loin la musique de la fête et Sarah qui aimait ce mariage étrange entre la chaleur de l'été, cette vue imprenable sur la mer et la musique au loin qu'elle venait de quitter.

Ses pensées en ricochet sur cette Méditerranée trahie par une demie lune, un verre d'eau pétillant à la main, elle attendait.

Là, seule, avec le plus grand secret du monde.

Elle savait que dans quelques heures, il la rejoindrait et ils verraient ensemble l'aube.

A chaque fois qu'il était de nuit, ils se rejoignaient dans un endroit différent pour découvrir ensemble les premières heures du jour. C'était comme un pacte tacite entre eux : surtout qu'elle n'attende pas dans son lit, mais quelque part dans un lieu inconnu, comme s'ils n'en finissaient pas de se rencontrer pour la première fois.

Sept mois qu'ils jouaient à ce jeu de rendez-vous nocturnes quelques jours par semaine, au gré des tournées pour lesquelles il bossait.

Tant de villes traversées, à le suivre et à le surprendre.

Ce soir elle se trouvait dans une superbe villa qui surplombait St Raphaël et ne cachait pas sa prétention à dominer la mer.

Comme d'habitude, il lui avait suffi de se faire inviter d'un verre à un autre, dans ces after spectacles qu'elle trouvait toujours et se laisser porter par les sourires les plus simples et les plus sincères. C'est dans les sourires qu'elle choisissait les départs et autres rdv, les mots venant après.

Elle lui envoya un sms, lui indiquant l'adresse, et tout en rangeant son mobile au fond de son sac, respira profondément.

Même de cette hauteur elle pouvait sentir le parfum de la mer, et comme si elle-même se remplissait de cette vie, elle ferma les yeux, laissant un vent parfait lui soulever quelques mèches dans le cou.

Là, au creux de l'écran noir de ses paupières, elle se repassa le film de leur rencontre.

Tout d'abord ce concert de Jazz qui avait été si délicieux, et cette lumière si bleue, si chaude qu'elle avait tout de suite remarquée et qui finalement fût la cause de ce tout qui leur allait si bien…

Elle était restée jusqu'à la fin, dans ces moments d'après, ou sans un mot au début, toutes les équipes techniques se mettent à ranger, puis peu à peu font naître un autre bruit. Elle était à chaque fois impressionnée par cette armée de l'ombre à qui un spectacle doit autant qu'aux acteurs qui sont sur la scène. Comme si dans un ballet parfait, chacun connaissait sa tâche avec certitude, et savait à quelle seconde précise agir. Eux aussi, devaient passer de longues heures à répéter pour atteindre cet effet de chorégraphie presque harmonieuse.

Parce que les jeux de lumière durant le concert l'avait profondément touchée, elle avait voulu, en profitant du passage d'un technicien, féliciter tout ce rendu. Celui-ci portait un simple ordinateur portable sous le bras, orné d'une pomme.

— Je voulais simplement vous dire que je ne sais pas qui est derrière le jeu de lumière, mais la cascade de bleu tombant comme de la pluie lors du grand solo de saxophone, c'est de l'envoutement !

L'homme au portable s'était arrêté, avait soulevé sa casquette pour dévoiler un regard vif et lui aussi rempli de bleu, puis avait souri longuement avant de répondre :

— Merci mademoiselle… C'est parce qu'il est aussi rare et sincère que votre compliment me touche. On complimente plus souvent les acteurs et les musiciens, pas ceux qui font la lumière…

Il y avait eu la nuit pour rebondir et improviser.

Une péniche accrochée sur le bord d'un coin perdu d'eau et de nénuphars. Des draps qui tombent du plafond, des mains qui se frôlent et tout le bleu du monde, dans un seul regard.

Lorsqu'ils avaient vu le soleil se lever sur ce bras de rivière où ils s'étaient autant perdus que retrouvés, elle lui avait demandé :

— Au fait, on est où exactement ?

— J'sais pas trop, sur le bord du Rhône je crois…

— Tu dors souvent sur cette péniche ?

—Non, c'est la première fois Princesse… Un pote de la technique locale m'a donné le tuyau hier. Souvent ça se passe comme ça d'ailleurs…

— T'emmènes des filles sur des péniches ?

—Non… Quand tu fais une tournée, soit tu dépenses la moitié de ce que tu gagnes dans des hôtels sinistres et toujours à la périphérie des villes, soit tu écoutes les adresses que les équipes sur place peuvent te donner. Souvent, ces adresses sont d'abord des fêtes, des rencontres improbables et pour finir des nuits blanches…

— Et dans ces fêtes, il y a toujours une Princesse pour tomber dans le bleu, non ?

— Non. Les femmes restent rares et lorsque le soleil dévoile le jour et la réalité de l'endroit où l'on se trouve, l'aube vient à rappeler que les Princesses sont un rêve…

— ….

— Il aura suffi d'un compliment dans une salle de spectacle vide et d'une péniche pour m'apprendre le contraire…

Parce qu'elle voulait garder cette douce poésie tout contre elle et qu'elle savait qu'elle vivait des secondes précieuses et chaudes,

Sarah posa doucement son index contre sa bouche et ajouta un chuttttt murmuré comme du vent.
Elle regarda encore ses yeux. Sa bouche, son torse. Son ventre, son pubis et le drap blanc qui frôlait la base de sa verge encore si visible, si … gonflée.

Alors de sa main, elle refit le même parcours, et lorsqu'elle atteignit sa jolie cible et qu'elle referma ses doigts sur elle, elle la ressentit immédiatement se tendre et se durcir davantage. Cette sensation qui renfermait des réponses comme des promesses, excita son esprit tout en l'oxygénant davantage. Puis, les mots et les pensées, les codes et les freins avaient disparu, laissant place à cette course sans règles, où l'on s'évade sur des morceaux de ciel…

Sarah savait qu'on la prenait pour une petite bourgeoise naïve et bien trop instable pour réussir sa vie. Qu'on disait qu'elle passait sa vie à flâner, visiter, voyager en usant de l'amour aveugle de son père. Et que certaines vipères devaient aussi raconter d'elle, qu'elle se servait de l'absence de sa mère pour lui faire perdre la tête et céder à ses caprices. Qu'à vingt trois ans elle n'était qu'une gamine…

Mais qui sont ces juges qui ont oublié que c'est merveilleux de n'être qu'une gamine ?

De croire aux lutins et de voler quand on adore une musique ?

Sarah se souvenait avec exactitude des derniers mots échangés avec sa mère, avant qu'elle s'éteigne doucement sous son regard d'enfant :

— Je veux que tu remplisses ta vie de rires et de rêves, ma chérie. Que toute ton existence à chaque étoile filante que tu vois passer, chaque comète comme tu dis, tu fasses un voeu. Ne demande pas la lune, ma belle, mais plus loin encore…

*Ne demande pas la lune mais plus loin encore…*

Cette phrase restait comme une danse perpétuelle qui animait maintenant son être et sa façon de respirer, d'agir. Et tant pis s'il n'y avait qu'elle pour comprendre…

Elle consulta son mobile. Un nouveau message : Ok. Je n'arriverai pas avant trois heures. Ne perds pas tes chaussures Cendrillon…

Encore une heure à attendre. Une heure à marcher et éviter toute rencontre qui l'obligerait à entamer une quelconque conversation. La grandeur de ce parc privé pourrait l'aider, se dit-elle, tout en quittant l'allée de graviers et se dirigeant vers un saule pleureur qui, par son envergure, semblait pleurer depuis longtemps.

Il lui fallu traverser son épaisse chevelure végétale, pour se trouver auprès de son cœur, comme caché du monde. Les propriétaires devaient connaître ce refuge naturel puisqu'un banc en ardoise était posé là. Sarah s'y assit, et remarqua avec goût que d'ici, elle n'entendait même plus la musique.

Là, au creux d'un arbre, elle posa sa main sur son ventre, ne sachant pas encore que ce geste allait se répéter de plus en plus souvent et donner tant de sensations à la fois toujours différentes mais pourtant presque les mêmes.

C'était son plus grand secret au monde.

Parce que cette nouvelle là, était de celle qui allait bouleverser des vies, elle savourait ces heures à n'être que la seule à savoir. Comme si elle était dans le début d'un film, ou sur le quai d'une gare partant pour une grande aventure. Comme si, on y était, là, juste plus loin que la lune…

Sauf qu'il y fait aussi encore plus noir. Quand on ne sait pas comment ?

Comment partager ce secret ? De quels mots faut-il user pour que l'autre puisse réagir avec pure sincérité ? N'allait-elle pas bousculer sa vie en lui annonçant ? Détruire peut-être des projets ou pire ses propres rêves? Lui qui ne parlait que de nouvelles villes, de grands spectacles, d'une existence d'artiste… Lui qui était heureux de passer des journées sur son ordinateur à créer et monter ses jeux de lumière. Lui qui ne vivait que pour du bleu.

Il n'avait jamais évoqué le sujet, l'hypothèse d'avenir, un enfant. Sarah se rendit compte qu'elle devenait encore plus aveugle quant à sa réaction.

Alors elle eut envie d'appeler son père. Même à deux heures du matin, il lui répondrait. Puisqu'il était le premier homme de sa vie qui avait rempli son cœur, pourquoi ne pas lui annoncer en premier ? Et peut-être que lui, il saurait les mots...

Elle composa son numéro et porta le mobile à son oreille droite, tout en le glissant sous sa chevelure.

— Allo ?

— Papa, c'est moi, je sais que je te réveille mais…

— Tout va bien ma chérie ? Tu es où là ?

— Oui tout va bien papa, je suis à St Raphaël depuis deux jours et encore pour une semaine

— Et bien tu vas finir par connaître toute la côte d'azur.. Mais dis moi pourquoi tu m'appelles à cette heure-ci ? Des soucis avec Vincent ?

— Non. Aucun souci avec Vincent. Enfin, pas encore...

— Comment ça pas encore ?

— Papa ?

— Dis moi…

— Je suis enceinte…

Les trente secondes de silence qui suivirent parurent des minutes entières, et c'est Sarah qui interrompit le vertige :
— Tu ne dis rien ?

— J'ai des larmes dans les yeux et dans la gorge, ma chérie. Et tellement de mots dans la tête que je ne sais pas lesquels choisir…

— T'es plutôt content ou pas ?

— Je suis plus que ça … Mais tu as parfois, tu le sais, la même voix que ta mère, et quand j'ai entendu ce que tu as dit, je l'ai revu, elle… Elle qui, hier encore, m'annonçait ce *toi* que je ne connaissais pas. Elle qui avait ce sourire à la fois heureux et inquiet que tu dois avoir. Et puis vingt trois ans ont défilé devant mes yeux, comme un film sur avance rapide, pour arriver à toi… Toi qui porte la vie, à ton tour. Ma belle, ma douce, ma grande fille qui va devenir mère ! Pourquoi t'es pas là tellement j'ai envie de te serrer fort ! Et toi ? Toi tu en es…

— Heureuse, Papa ! Je ne me suis jamais autant sentie aussi vivante que depuis cet après-midi. Jamais ma propre existence n'avait pris une telle importante à mes yeux. Mais il y a comme une petite peur souterraine qui s'installe aussi…

— C'est normal, Sarah, c'est la plus grande des aventures humaines.

— Et je ne l'ai pas dis encore à Vincent.

— Pourquoi ?

— Parce qu'on n'avait pas prévu ça. Parce que je ne l'ai pas encore revu depuis que je le sais. Et maintenant je ne sais pas si cela va le rendre heureux ou le faire fuir…

— Tu l'aimes ton Vincent, non ?

— Comme je n'ai jamais aimé…

— Alors dis le lui, et dis lui aussi surtout qu'il est libre. Libre de faire son choix, et que même si au pire, sa décision te ferait de la peine, tu souffrirais sans le juger. Enfin, dis-lui pour finir que tu es tombé folle de lui aussi pour ses rêves et que rien ne doit les remettre en question. Car tout va se bousculer dans son cerveau, pire que dans le mien, moi qui suis déjà père, et s'il t'aime, il n'y a que la perte de sa liberté qui pourrait vraiment lui faire peur.

— C'est exactement ce que je ressens.

— Alors suis ton instinct ma belle. Tu as l'avantage maintenant d'en avoir deux.

— Deux ?

— L'instinct féminin et le maternel.

— L'instinct maternel je ne l'ai pas encore…

— N'as tu pas posé plein de fois ta main longuement sur ton ventre depuis ce soir ?

— Si, et là encore…

— Alors tu l'as déjà.

— Et si il me quittait quand même. Malgré toutes les phrases justes, les bons mots, pour lui dire combien je veux qu'il soit autant libre que lui-même…

— Il y un ciel étoilé à St Raphaël à deux heures du matin ?

— Il y a la lune mais on en voit malgré tout pas mal…

— Tu fais toujours des vœux quand tu vois des étoiles filantes ? Les comètes comme tu disais quand tu étais petite ?

— Toujours.

— Alors, dis lui à la deuxième *comète* qui passe… A la première, tu feras un vœu pour toi et la vie que tu portes, à la seconde tu en feras un qui le concerne lui… Tu rouvriras tes paupières, et tu lui diras…

Trente minutes plus tard Sarah tenait la main de son homme et avait su l'entrainer sous ce saule pleureur, petit temple de quiétude, pour le retrouver, l'entendre et l'embrasser. Et prendre le temps surtout…

Puis, comme si elle avait décidé de décider de tout, elle l'entraina au plus profond du parc, ou le ciel était dégagé. Elle s'allongea dans l'herbe en l'invitant à venir à côté d'elle. Là, les yeux plongés dans la nuit, avec un sourire grandissant au coin des lèvres, Sarah se murmura " à la deuxième comète qui passe… "

Vincent remarqua son sourire.

— Pourquoi tu souris ?

— Parce que j'aime la nuit, les étoiles et toi…

## *Le secret de Rahan*


La lumière de l'enseigne de l'hôtel clignote jusque dans ma chambre et fait ce bruit de grillé par intermittence qui me donne une idée de la nuit que je vais passer.

La pluie tropicale s'abat depuis le lever du jour et même le volume à fond sur cette novelas espagnole ne suffit pas à couvrir le bruit martelant de cette tornade continue sur les tôles.

Pourtant, je suis bien. Intensément bien, et vivant.

A regarder ce vieux ventilateur qui peine à tourner pour envoler au plafond les volutes de ma fumée clandestine. A deviner que dans cette nuit étrange et étrangère, je ne vais en aucun cas m'endormir. Mais me sentir chez moi, dans cette petite chambre, au beau milieu de cette ville que je ne connais pas. Dernier petit rempart de mon intimité. Etroit refuge où je ne suis que ce que je suis devenu : un voyageur. Un de ceux qui ne possèdent pas plus qu'un sac à dos, et une adresse mail sur un serveur, comme une bouée numérique accrochée à ce qui leur reste de lien social.

Déjà deux jours que je suis là, et mon cœur bat encore, c'est bon signe. Je vais donc rester plus longtemps que prévu, à savoir cette nuit sans sommeil. De toute façon, c'est toute l'avance que je dois avoir sur eux. A peine quarante huit heures, certes, mais tant que je descends pas en dessous de vingt quatre, j'ai mes chances…

Pour peu qu'ils soient sur la bonne route…

Avec ma technique de fuite, même si je n'ai pas encore beaucoup de choix sur les destinations et les croisements, il va leur falloir plus qu'une armée pour me retrouver.

L'évidence est de dire que je ne survivrai pas au face à face, et il ne me reste que la fuite, l'esquive, l'ombre et l'Amérique latine comme terrain de jeu. Et mon petit secret pour brouiller les pistes…

Dire que j'ai piqué ça dans une BD, je pensais pas qu'un jour je serais à dix mille kilomètres de toute idée de chez moi, à user de ces souvenirs pour oser me donner un espoir de respirer encore.

C'est étrange comment parfois une petite emmerde peut déclencher une avalanche. Nous qui  ne sommes faits que d'eau, c'est fou comme nous sommes si sensibles au grain de sable… Bref, à quel point tout bascule en une après-midi, un mot, une seconde.

Ou en un regard.

Un regard de trop sur un enfant. Un putain de gamin qui n'était pas à sa place… Si je n'avais pas regardé ce môme, j'aurais pu peut-être encore tenir toute une vie en silence et, aveugle, mais parfois il y a des doses de misère humaine qu'on ne peut plus avaler. Surtout quand on les voit ailleurs que sur un écran.

Bien sûr, on dira sans doute que c'est la drogue et on aura raison, car au final c'est bien elle qui m'a conduit à cet endroit tant de fois, et peu à peu à rentrer dans les murs, monter les étages, pousser les portes, obtenir de meilleur prix et voir ce qu'un simple petit consommateur ne doit pas voir…

Quand je repense à tous ces étages, je me demande encore comment j'ai fait pour sortir vivant de ce trou à rat. Incapable d'avoir une suite complète, ma mémoire est en mode flash et bien que je me revois très bien voler dans ces escaliers pour les descendre après la première fusillade, il me manque plein de morceaux jusqu'au moment où je suis enfin arrivé à poser mes fesses encore tremblantes dans ma voiture.

Peut-être que si je sais profiter de ce début de nuit et de cette bière fraiche, en recommençant par le début, je pourrai retrouver la totalité du film…

D'abord la pluie.

Ce genre de journée se passe toujours sous une pluie qui a déjà décidé de tout précipiter.

Le goudron que l'on quitte pour s'engager sur la longue piste qui mène aux premières tours. Et ces lumières éparpillées montrant déjà l'inégalité qui jusqu'ici glisse son plus profond poison. Les maisons en bois, et les bougies par dizaines, qui pour l'œil passager sont presque un signe de chaleur humaine dans la nuit plutôt que l'implacable vérité de la pauvreté qui prive ces familles des bords de route de l'électricité.

Ce chemin, je le connais par cœur. Je l'ai fait pendant quatre ans, presque une fois tous les mois. Pour ma petite provision d'herbe, et peut-être aussi pour me sentir vivant et espérer avoir un destin différent. Pour voir par mes yeux, tous les possibles des vies et me remettre à ma place. Quand je vois trop noir et trop bas, je me rappelle quand même que moi j'ai toujours un interrupteur pour m'éclairer, un frigo pour me nourrir.

Donc, me voilà qui m'engage sans me douter encore qu'un effet papillon va se jouer, dans le quartier de Cuano, espérant juste tomber dès le début sur les quelques visages que je connais. Jusqu'à ce jour là, ma seule angoisse revenait à chaque fois à mon arrivée sur le parking : à savoir être le plus rapidement possible reconnu comme un client de passage et non un touriste égaré à dépouiller. Car c'est évident que ma petite gueule de blanc propre sur lui et mon air gentil ne vont pas dans le décor. Si ce n'est pour la drogue. Seul lien qui a conduit mes pas à bien des endroits que je n'aurais normalement pas vus ni regardés si je n'avais pas eu ce goût prononcé pour la marijuana de qualité. D'habitude la recherche de qualité vous emmène dans les galeries marchandes et les bijouteries des centres ville, mais quand il s'agit de matières illicites c'est au profond des quartiers sombres et éloignés qu'il vous faut aller. A chaque commerce sa zone de chalandise…

Mais revenons à ma mémoire. A mes souvenirs de cette nuit là…

Je suis à peine descendu de voiture que déjà deux ombres, opposées dans la taille, se dressent derrière moi. La voix du prénommé KingSize me salue amicalement, comme s'il était content de me revoir, un peu comme dans ces magasins où l'on fait attention à faire croire à son client qu'on s'intéresse à lui. Le même ton de voix. Le même accueil : du pur commerce. Son acolyte qui fait la moitié de sa taille, me regarde de son œil noir, seule réelle force obscure du personnage qui ressemble plus à un chien mouillé qu'à un tigre.

— Il est là. Tu peux monter…

Voici la phrase code. L'invitation qui m'est donnée depuis quelques mois : directement monter me faire livrer par le chef lui-même. Avant, c'était plus long et plus cher vu que je donnais l'argent à KingSize qui se tapait l'aller retour des  six étages, pour finir par me glisser la marchandise à la fenêtre de ma voiture dans laquelle je ne faisais que l'attendre :

— Voilà vos munitions, Professeur…

Ils m'ont toujours appelé comme ça, Professeur… Et j'ai jamais essayé de leur dire que je n'étais en réalité qu'un simple technicien du froid qui s'était expatrié dans un pays chaud pour mieux se vendre.

Maintenant, mes " munitions " je vais les chercher moi-même, par les escaliers, jusqu'au dernier étage. Je passe d'abord les deux vigiles qui me saluent de la main, sans même me regarder, et enfin, au sixième les deux autres qui bloquent l'entrée de l'appartement

AA3, se tenant aussi droit que des flics américains, avec juste cet air latin bourru qui leur donne de toute façon une gueule de pas gentil.

Je me souviens maintenant que dès que je suis arrivé au cinquième, j'ai commencé à entendre les cris et les pleurs. Les coups…

Je me vois resté immobile devant les deux gorilles qui me dominent, et semblent eux aussi tout aussi perdus que moi, quant à la poursuite ou non de ma visite, compte tenu de cet épisode qui nous dépasse tous les trois. La qualité des gorilles de cage d'escalier c'est qu'on peut compter sur eux pour bloquer le passage ou l'ouvrir, l'inconvénient c'est quand le feu passe à l'orange, là leur muscle cérébral vacille…

C'est dans le silence que la porte s'ouvre d'elle-même.

Silvio est torse nu, une barbe de trois jours, les yeux injectés de sang et les veines du cou toutes gonflées ; surpris de le voir dans cet état, je ne comprends pas ces premiers hurlements, mais les deux vigiles rentrent dans l'appartement et d'un geste de la main, Silvio m'invite à les suivre.

Je ne me souviens pas l'avoir vu dès le début. D'abord le grand salon, avec cet immense écran allumé sur des clips vidéos sans le son. La table centrale avec, comme d'habitude, un bordel immense de papiers, de canettes, de billets, d'herbes, de poudres et deux ou trois flingues. A chaque fois que j'aperçois cette table, j'ai l'impression de voir une espèce de zoom cinématographique d'un générique de film qui voudrait clairement décrire cet univers particulier. La présence des revolvers m'a toujours autant effrayé qu'attiré, et combien de fois je me suis demandé s'ils avaient servi, et pourquoi ?

Ce sont les pleurs étouffés qui ont dévié mon regard vers la cuisine.

C'est là que je le vois.

Un gamin d'une quinzaine d'années, le visage en sang, attaché à une chaise, nu comme un ver, des marques et des coupures sur tout le corps. Ses yeux noirs croisent les miens, et je suis tétanisé à la vision d'une peur presque insondable.

— Faut pas t'occuper de lui, c'est un enculé de voleur ! Ce fils de pute a essayé de me rouler sur ses tournées ! Manao, tu me le sors et tu me le finis ! Après, je veux que tu le laisses à la déchèterie, bien en évidence, que le message passe…

— Je peux m'amuser un peu avec lui avant ?

Le regard du gorille ressemble étrangement à celui d'un enfant qui demanderait avec timidité un gâteau de plus… Je ne pensais pas un jour que ce regard là pourrait sous-entendre autant d'horreur.

Le gamin se met à pleurer. C'est tout ce qu'il fait. Il ne demande même pas pardon ou pitié. Non, il reste les épaules et le visage baissé et il pleure.

Puis, tout se précipite. D'un coup.

Mes pensées, mes peurs, ma nécessité d'agir.

Et alors que la pluie redouble dehors, assombrissant encore plus la pièce dans laquelle je suis, je me jette sur la table, prends un flingue au hasard et le dresse sous le nez de Manao qui vient de détacher le gosse.

Ce gros con me sourit, il croit que je bluffe, pire, il le sait. Tout calmement, il repose le gamin sur sa chaise, et se dirige vers moi. Je sens que cela bouge aussi sur le côté. L'autre gorille et Silvio sont en train d'agir.

Fermer les yeux. Fermer les yeux et, tirer.

La détonation arrache mes tympans, explose mon cœur, et je sens un goût prononcé dans ma bouche, j'ouvre les yeux. Le gorille est à terre. Sur la table, la main de Silvio s'empare d'un revolver, je tire encore et encore. Cette fois-ci j'ai les yeux ouverts et je vois la joue de Silvio éclater, puis son visage rebondir sur la table violemment en faisant jaillir le sang. Le sang que j'ai dans la bouche…

Quand mon instinct de survie me fait me retourner précipitamment vers le dernier gorille, je vois son dos disparaître derrière la porte.

Le gosse me regarde, les yeux grands ouvert, encore plus étonné que moi de ce qui vient de se passer.

Parce que je sais que le gorille fuyard est parti prévenir la cavalerie et qu'il me reste six étages à descendre et un parking à traverser avant de m'enfuir de cet enfer, je vomis...

Sur la table. Sur les billets et les sachets de poudre. Toute ma peur sort de mes tripes.

Je me relève à peine, le gamin a déjà disparu, mes yeux fouillent cette pièce à la recherche d'une idée, d'un échappatoire. Un miracle ou un parachute…

Longues minutes inertes où je me vois déjà mort dans une cage d'escalier.

Je ramasse un second flingue, un maximum d'herbes et de billet, et je descends.

Etage par étage, regardant à chaque virage, comme dans les films, avec juste le flingue qui dépasse. Sauf que j'ai la main qui tremble, les jambes, et même le cœur.

Quand j'arrive enfin en bas, sans avoir rencontré personne, je commence à croire au miracle, mais les ombres qui s'agitent devant les deux portes battantes de l'entrée d'immeuble me font réaliser que c'est à moi de risquer l'impossible…

Mon cerveau, ma survie me conduisent à un choix : me précipiter dehors en tirant des deux revolvers et espérant créer assez de panique pour atteindre ma voiture, ou me cacher, là dans le placard à balais, juste le temps pour qu'un maximum de ces chasseurs d'homme montent là-haut et qu'il m'en reste un minimum à surprendre.

J'opte pour le placard. Juste le temps de rentrer dedans et les portes claquent. J'entends une pluie de pas monter les étages. Quand le bruit ne me parvient plus, je sors doucement jusqu'à la porte à double battant où aucune ombre ne semble se glisser.
Je respire un grand coup, et fonce…

Le vent, la pluie et ces lumières qui clignotent.

Des hurlements, et cette sensation affreuse de pas derrière moi. Des détonations qui percent la nuit, et mes yeux sur le sol où je cours, où je fais tout pour ne pas tomber. Plus que quelques mètres et j'y suis.

Une masse se dresse devant ma voiture, je lance mes deux bras en avant et tire. KingSize s'écroule et alors que je monte enfin dans ma voiture, une dernière balle explose mon pare-brise…

Voilà, ma mémoire a réécrit mon cauchemar. Mon virage. Ma vie a changé. Définitivement.

Le temps d'une soirée, d'un peu d'herbe et d'un regard posé sur un môme, et mon existence se résume à une fuite.

Il ne me reste que le secret de Rahan pour m'en sortir. Echapper à cette bande et à la police locale si elle est au parfum de la vérité.

La seule possibilité est de n'avoir aucune stratégie de destination, et laisser à chaque fois le destin en décider. En devenir intraçable, par le hasard.

C'est pourquoi après cette nuit où je ne dormirai pas, j'irai à ce rond-point, à la sortie sud de la ville. Je me poserai au milieu, et comme l'homme aux cheveux de feu de mon enfance, je ferai tourner mon couteau sur lui-même.

Quand il s'arrêtera, sa pointe indiquera mon avenir, mon chemin improbable.

En attendant, je veux voir l'aube.

Juste l'aube, et ce tout petit moment où je suis encore vivant.

Moi, Rahan…

## *600 euros et 19 Départs*

— Tu as combien toi ?

— A peu près quatre cents euros…

— A nous deux on n'est pas loin des neuf cents.

— Ça va suffire ?

— Si on prend que deux allers simples, on va même multiplier les possibilités…

Eric regarde Stéphane avec admiration. Comme à chaque fois que ce dernier décide pour lui, c'est-à-dire comme toujours.

Depuis qu'ils sont mômes, c'est une sorte de contrat invisible entre eux. Eric rêve et Stéphane réalise les rêves d'Eric.

Eric avait rêvé d'Isabelle, la belle collégienne de sa classe de sixième. Stéphane l'avait embrassée.

Eric avait bavé une journée entière devant la vitrine des figurines de Stars Wars, et plus particulièrement celle, si rare, de Chewbacca. Stéphane l'avait volée pour la lui offrir.

Eric avait rêvé de faire le plus haut plongeon depuis le pic du Rocher Serpent qui domine le lac et où les gamins se jetaient tous les défis. Stéphane l'avait poussé

Mais ce qui valait pour l'un, valait pour l'autre.

Car à chaque fois que Stéphane avait froid, que son père avait encore trop bu, ou qu'il était renvoyé, Eric était là. Et pour l'évader, il lui racontait des histoires.

Toujours les mêmes.

Des histoires de voyages à travers le monde.

Des aéroports. Des valises et des rencontres.

Alors Stéphane fermait les yeux, et oubliait les coups, les excès, les erreurs.

Mais voilà qu'aujourd'hui, plus la peine de fermer les yeux.

Oui, aujourd'hui, le voyage est pour de vrai…

— On aurait quand même pu prévenir, ou laisser un mot non ?

— Et ils auraient tout fait pour nous empêcher de partir ! Ils nous auraient même poursuivis jusqu'ici pour nous chopper en plein aéroport. Surtout tes parents ! Tu crois que si tu leur avais laissé un mot, à l'heure qu'il est ils ne seraient pas en train de remuer ciel et terre pour te retrouver ? Là, tout le monde pense qu'on est juste partis en week-end et quand ils se mettront à nous chercher, on aura déjà atterri…

— Oui, mais…

— Oui, mais quoi ! Putain ! Qu'est ce qu'on dit depuis deux ans ? Qu'est ce qu'on dit depuis les milliards de départs que tu m'as racontés, inventés ?

— Qu'un jour, on partira…

— Et depuis deux ans, on a surtout dit que dès on aurait dix huit ans tous les deux, on le ferait, non ?

— Oui…

— Et aujourd'hui ?

— C'est mon anniversaire…

— Et c'est quoi ton plus beau cadeau de tes rêves ?

— Partir vers l'inconnu…

— Et bah, voilà, on y est…

Stéphane lève son regard sur l'immense panneau des départs qui se dresse juste au-dessus d'eux et ou les noms des pays clignotent comme s'ils étaient les numéros d'une loterie.

— Tu n'as plus qu'à choisir ! Joyeux anniversaire mon pote !

Parce qu'Eric a encore le cœur qui bat à deux cents km à l'heure et des milliards de " et si " dans la tête, il en ose un premier :

— Et si on n'a pas assez d'argent ?

— On en trouvera.

— Et si on nous considère comme fugueurs ?

— Tu es majeur depuis ce matin.

— Et si, une fois là-bas, on…

— Et si ! Et si ! Et si ! Mais putain Eric, combien de fois, je t'ai dis qu'avec des " et si ", on n'avance pas… Avec des " et si ", on ne rêve plus : on pense ! Et quand on se met à trop penser, on est mort… Mon père pense, il boit ! Ma mère pense, elle prend des cachetons ! Mon frangin pense, il va chez le psy, et toi tes parents pensent à ta place qu'il faut que tu fasses du commerce !

— Excuse-moi…

— T'excuse pas ! Moi aussi j'ai des doutes. J'ai même la trouille ! Mais cette trouille qu'est-ce qu'elle m'excite et me rend vivant aussi ! J'ai cette sensation vertigineuse que pour la toute première fois de notre vie, on va prendre l'avion. Putain, l'avion quoi ! Et que dans moins de vingt quatre heures, toi et moi, on sera dans un autre pays, là, pour de vrai.

— Avec seulement neuf cents euros…

— Tu fais chier !

Stéphane ramasse son sac à dos au sol, fait demi-tour et sort.

Arrivé dehors, on voit bien qu'il parle encore tout seul, au vu des gestes de ses bras, comme s'il engueulait l'homme invisible, le vent ou le destin.

Eric avale sa salive et lève encore les yeux sur l'immense tableau noir qui clignote ses petits morceaux d'ailleurs et d'inconnu.

Il pense à ses parents. A son chien. Sa chambre, son lycée.

Il pense aussi que peu seraient prêts à oser un tel voyage, et que là, il n'est pas tout seul.

Il pense qu'on n'a qu'une seule vie.

Alors il se dirige vers un comptoir de compagnie aérienne.

Quinze minutes après sa conversation avec l'hôtesse, Eric pose sa main sur l'épaule de son ami, de son frère de toujours. Ce dernier se retourne, et parce qu'il a le regard calme, commence à prendre la parole :

— Je comprends c'est encore trop tôt… Sache que je ne t'en veux pour rien au monde. Viens, on rentre…

— Non, on part ! Maintenant faut que tu m'aides à choisir mon cadeau dans la liste.

— La liste ?

— J'ai été me renseigner auprès d'une agence, pour deux allers simple, en considérant qu'il nous fallait au moins trois cents euros en arrivant sur place, donc pour six cents euros, elle m'a fait une liste.

— Ça fait combien d'aventures possibles ?

Eric sourit.

Avec les yeux remplis d'étoiles, il répond :

— Dix neuf…

Lorsque leur avion décolle de la piste, quelques heures plus tard, Eric, par le hublot, ne pense plus à ses parents.

Ni à son chien ou à son lycée.

Il ne pense plus surtout qu'il n'a qu'une seule vie.

Parce qu'exactement, à cet instant, du haut de ses dix huit ans, avec son pote à côté de lui et ce rêve fou pour de vrai, il en a mille…

***Pour un rêve de plus***

— On a préféré te prévenir tout de suite… Au cas où…

Thomas connaissait maintenant presque parfaitement l'infirmière qui le fixait avec le regard le plus doux qu'elle pouvait lui donner. Après tant de visites, tant d'après-midis et d'échanges sur les pas de portes, et même parfois lorsqu'elle les avaient accompagnés en promenade, dans la grande allée des marronniers, lui et son grand-père, un lien particulier s'était établi entre eux.

Peut-être parce qu'ils avaient à peu près le même âge, le même rapport à la vie, rempli de compromis et de douleurs intérieures à maitriser. Sans ambiguïté aucune, Thomas avait senti cette complicité humaine et bien des fois, il s'était reposé sur elle.

Pour tenir.

Face à la maladie, et au temps qui passe.

Aux grands-pères qui n'ont plus la force de vous raconter une histoire…

Thomas hésita à ouvrir la porte, la main collée à la poignée, le regard suspendu dans un espèce de ballet d'images du passé, comme si tous les moments vécus avec son grand-père refaisaient surface.

Les parties de dame, l'été sur la terrasse, et la grande collection de timbres qu'ils avaient regardé tant de fois.

Les cours de pêche, à l'étang, les balades dans la forêt.

Et cette odeur de pipe, le soir, après les repas familiaux, où le vieil homme restait à observer tout le monde du coin de l'œil, sans rien dire.

Ce grand-père qui avait fait le Mexique, l'Indonésie, le Vietnam. Qui lui parlait du monde comme de quelque chose à découvrir uniquement par soi-même : " méfie toi du jugement des autres et de la télé qui envahit tout mon Thomas, le monde et la vraie vie c'est pas eux… "

— Tu veux que je t'accompagne ?

— Non, non… Ça va aller…

Thomas ouvrit la porte et rentra dans la chambre qu'il connaissait par cœur. Cette chambre qui avait vu de plus en plus de machines arriver, mais les visiteurs disparaitre. Car, à part sa nièce de dix huit ans et lui, peu avaient continué à venir le voir, de façon régulière.

Son visage était calme, reposé, et s'il n'y avait pas eu tous ces appareils, Thomas aurait presque pu croire que tout allait bien.

Il approcha la chaise, sans un bruit et se posa à côté de lui.

Il regarda sa main, et la prit dans la sienne, avec tendresse, la serrant tout doucement.

Combien de fois, pensa-t-il, cette main-là m'a aidé à me relever ? A traverser la rue ? A découvrir un nouveau chemin ? A m'échapper d'une enguelade parentale ? Oui, combien de fois son grand-père avait-il fait ce geste à l'inverse ?

Thomas avala sa salive et ferma les yeux quelques longues secondes.

Le silence, les souvenirs si précis, et ce hier qu'on aurait presque dit aujourd'hui.

Une conversation lui revint clairement à l'esprit, sans doute la dernière réellement constructive et claire qu'ils aient eue tous les deux.

— Tu vois, moi je voulais être menuisier, et je le suis devenu. Toi, tu ne voulais pas être dessinateur ?

— Si, mais ça rapporte pas grand-père, dessinateur… Il doit y en avoir un pour mille qui en vive bien, et tu sais que je ne gagne jamais quand il s'agit de loto.

— C'est pas de l'argent qu'on gagne à faire ce pourquoi on est fait, c'est une vie, mon garçon, une vie pleine !

— Mais si je te dis que travailler dans une banque me plait ! Etre en contact avec les gens, tout ça…

— Les gens… C'est bien pire qu'une feuille blanche…

— Merci pour les encouragements !

— Excuse-moi Thomas, je ne devrais pas juger tes choix, tu fais comme tu peux. Aujourd'hui c'est comme ça qu'on fait. Et puis ta mère ne voudrait pas m'entendre dire que moi je t'ai toujours trouvé doué en dessin, et que tu aurais pu en faire quelque chose de ce don…

— C'est gentil grand-père, mais il y a des rêves qui ne resteront que des rêves…

— C'est des conneries ça ! On dirait que c'est moi le jeune et toi l'adulte… Comment tu peux dire que les rêves ne sont pas à ta portée ? Moi, tu vois, jeune homme je n'ai guidé ma vie que dans le but de réaliser mes rêves, et au final il n'y en qu'un que le temps ne m'aura pas laissé aller chercher…

— Ah oui ? Lequel ?

— Voir des girafes…

— Voir des girafes ?

— Oui. En voir pour de vrai. Elégantes et libres. J'ai toujours voulu aller en Afrique, faire un safari. Voir le berceau de l'humanité et les girafes… C'était le dernier voyage que je m'étais organisé avant cette foutue attaque. A quelques mois près, c'est au pied du Kilimandjaro que j'aurais pu être, plutôt que dans une chambre d'hôpital…

— Et tous tes autres rêves tu les as réalisés alors ?

— Oui… Je voulais travailler de mes mains, je suis devenu menuisier. Je voulais sauter en parachute, je l'ai fais six fois.

— Je voulais épouser ta grand-mère et être l'homme de sa vie, je l'ai été. Je voulais à tout prix voir le Vietnam ou l'Indonésie, et j'ai vécu un an dans les deux pays. Oui, quand j'y repense, je pourrais presque me permettre un merci à la vie, à part les girafes…

Thomas rouvrit les yeux et regarda son grand-père endormi, avec cette respiration saccadée que provoquaient les tuyaux qui couraient dans ses narines.

Il pensa à ses dessins et aux girafes.

Il pensa à son travail à la banque qu'il ne supportait déjà plus et à tous ces rêves que lui, n'avait pas encore osés.

Il pensa au temps qui passe et qu'il détestait.

A la mort.

A l'absence évidente et profonde qui se glissait déjà dans son cœur.

Il revit cette image d'un bouchon rouge qui flottait sur un étang, et un grand-père qui disait chutt…

Alors lui vint une idée…

Il se leva, ouvrit de nouveau la porte, et dans le couloir appela l'infirmière. Une fois arrivée à son niveau, il lui mit la main sur l'épaule et se rapprocha d'elle encore un peu plus :

— C'est une question de jours ou d'heures ?

— La jeune diplômée le regarda et comme elle ne vit aucune autre émotion dans son regard que de l'assurance elle lui répondit :

— D'heures, je pense… Mais maintenant, c'est tout ce qu'on peut lui souhaiter tu sais…

— Non… Pas encore… Et d'ailleurs j'aurais un immense service à te demander…

— …

— Mon grand-père est-il transportable ?... Par exemple jusqu'à chez moi ?

— Un médecin te dirait non, Thomas.

— Mais techniquement, je veux dire, avec tous ces tuyaux là… Si je veux l'emmener pour qu'il s'endorme dans une maison de famille plutôt qu'ici ?

— Techniquement, on peut imaginer se passer des branchements pendant un maximum de deux heures…

— Deux heures…

— Maximum…

— Alors laisse-moi l'emmener !

— Pardon ?

— Il lui manque un rêve, juste un rêve pour accomplir sa vie… Je veux lui donner ce rêve-là. J'ai besoin de l'emmener…
— Je…

— Tu n'as qu'à faire ta ronde et ne pas me voir… j'aurais filé dans ton dos…

La jeune infirmière recula, le regarda, puis s'avança de nouveau et l'embrassa sur la joue. Sans un autre mot, elle fit demi-tour et disparut du couloir dans une chambre.

Une dizaine de minutes plus tard, Thomas conduisait son grand-père allongé sur la banquette arrière. Il savait qu'il lui fallait encore vingt bonnes minutes avant d'y arriver…

Alors, il se concentra et accéléra, jetant quelques regards rapides au rétroviseur à chaque râle un peu trop prononcé de son passager endormi.

Se garer.

Ouvrir le coffre et sortir la chaise roulante. Installer, sans lui faire mal ou le bousculer, son grand-père. Vérifier sa respiration, sa posture et enfin, l'emmener. Traverser les allées au pas de charge pour aller au plus vite à l'essentiel, la partie Africaine du zoo.

Quelques minutes plus tard, Thomas les regarda.

Là, les girafes.

Elles étaient trois à s'être rapprochées et le balancement de leur long cou était d'une grâce qui toucha au profond le cœur du jeune adulte encore essoufflé.

Et de cette magie naturelle, de cette beauté qui d'un coup se révéla à ses yeux, Thomas sentit une foule de certitudes lui monter à la gorge. Comme si tout un tas de fausses vérités s'écroulaient d'un seul pan, pour faire jaillir d'autres évidences.

Celle de démissionner.

Celle de ne plus avoir d'actes manqués et de paroles enfouies.

Celle d'oser se poser les bonnes questions. Connaître son équation à soi du bonheur.

Et surtout, se remettre à dessiner…

Il posa ses deux mains sur les épaules de l'homme qui lui avait raconté comment un jour, à dix huit ans, il était parti de chez lui pour voir le monde et le goûter.

Il se pencha au plus près de son oreille droite et d'une voix juste et rassurante, lui murmura :

— Ouvre les yeux, grand-père. Ouvre les yeux, s'il te plaît… Elles sont là… tes girafes…

## *Du vent*


Léa regarde son chat.

Autour d'elle, le monde n'existe plus.

Plus de gens qui marchent et se bousculent. Trépignent ou bien hurlent.

Juste son chat. Avec ses yeux verts et sa tâche blanche sous le cou.

Depuis combien d'heures attendent-elles, sa mère et elle ?

Et qu'attendent-elles d'ailleurs ? Que leur avion soit prêt ?

Elle prie pour qu'il ne le soit jamais et, d'un geste rapide, prend un chewing-gum dans la poche de sa salopette.

— Ça va ma chérie ? Ce n'est pas trop long ? Tu sais, c'est toujours comme ça les aéroports…

Léa ne lève pas la tête. Ne détourne même pas son regard et hausse les épaules.

— Ma chérie… J'y peux rien moi, on attend Paul… Tu vas voir, dès qu'il arrive, ça va aller très vite…

Paul.

A cause de lui tout ça…

La vie dans la rue, d'un appartement à l'autre. Les disputes qu'il ne faut pas entendre et les copains de Paul qui passent toujours tard le soir…

Paul.

Celui qui ne sera jamais son Papa. Celui qui l'arrache à son propre pays pour aller dans ce Paris français comme à la télé…

Mais là-bas : comment fera-t-elle pour le voir, son vrai Papa ? Déjà qu'une fois par mois, elle trouvait ça pas assez…

C'est quoi ce monde où tout ce qui vous arrive est gris ? pense-t-elle.

C'est quoi ce monde où les mamans sont aveugles et les papas sans argent ?

Léa regarde son chat.

Il s'endort doucement, derrière sa grille. Dans sa petite cage en plastique vert.

Il est tout ce qui lui reste. La seule chose qu'on ait acceptée d'elle aussi. Le seul être vivant qui puisse la comprendre, maintenant…

— Léa ? Arrête de faire cette tête s'il te plait ! Pense à toutes les filles de ton âge qui rêvent d'aller voir Paris !

— Moi pas !

— Mais ma chérie… C'est pas définitif, je te l'ai déjà dit. Une fois qu'on aura assez d'argent, on reviendra chez nous. C'est juste une question de temps et d'argent… Et puis là-bas, tu iras dans une belle école française pour y apprendre plein de choses. Tu auras des copines, la télé et plein de jouets qui n'existent pas ici. Et puis, comme ça, tu sauras parler deux langues !

Léa ne répond pas.

Elle regarde son chat.

Au-dessus d'elle, le panneau des départs clignote, en parlant des villes du monde, de tout un tas de drôles de pays et de destins croisés.

Parce que l'enfance a besoin de phrases pansements pour isoler l'émotion et comprendre, Léa pense :

" Les mots des grands, c'est que du vent… "

### *Comme une petite araignée*

Face à soi-même.

Mathilde était là.

Après avoir fait face aux autres, puis face au mur, il ne lui restait que ça.

Et la nuit devant…

Combien avait-elle perdu ? Combien d'argent, de gens ? D'heures à rêver, à inventer ? De mensonges à dire, d'espoir à croire ?

Depuis qu'elle avait commencé à jouer, oui, combien avait-elle perdu ?

Mathilde regarde la mer, en hiver.

Derrière elle, les lumières du Casino viennent de s'éteindre, il est 6h du matin, et Mathilde encore une fois, n'a plus rien.

Son regard sur l'horizon, elle pense à sa vie, avec une envie profonde de pleurer, mais aucune larme ne lui vient. Peut-être parce qu'elle connaît presque par cœur ce genre de matin là. Ces matins blancs où tous vos rêves s'écroulent...

Maintenant, il lui reste trois longues semaines à tenir, sans un sou en poche jusqu'au prochain versement de sa retraite.

Ça fait encore beaucoup de boites de sardine, se dit-elle...

Elle ferme son châle pour stopper un peu ce vent trop ambitieux, se lève et doucement s'engage sur la plage où quelques rares sportifs de l'aube sont venus faire une course contre les vagues.

Il lui faut marcher, pour éviter de trop penser profond. Trop noir.

Mais quand on est face à soi-même, penser sans creuser est un combat perdu d'avance, tel un coureur contre un océan.

Alors, les images commencent leur ballet. Le passé. Avant qu'elle soit seule...

Première danse. Des yeux pour lui faire oublier la nuit... Des années à deux à parler du monde, à combattre le quotidien, à payer la maison. Et cet enfant qui ne viendra jamais.

Deuxième danse. Des yeux pour lui faire oublier la vie. Des yeux, par la fenêtre qui attendent quelqu'un qui ne reviendra pas. Des automnes entiers à espérer que l'hiver sera différent. Et le boulot, pour ne pas penser. Pour payer la maison, et tous les souvenirs dedans...

Troisième danse. Des yeux pour lui faire oublier l'ennui. Des lumières qui clignotent, des moments éphémères et enivrants où tout serait possible, et des machines à sous. Une maison à vendre, et un rêve souterrain qui grandit, parlant d'un autre pays, loin là-bas... Bien plus loin que cette mer...

Sa vie, en trois pas de danse et des milliards d'images... Mathilde s'assoit sur le sable.

Le froid de cette assise lui fait se remémorer ses vacances d'hiver, quand elle était petite, chez sa grand-mère à Pontchâteau, et qu'elle attendait, là, sur le carrelage de la vieille cuisine, qu'on s'occupe d'elle.

Elle repense à cette petite araignée, dont chaque jour elle s'amusait à détruire la toile, et qui comme par magie, ou plutôt abnégation, chaque lendemain avait recommencé son ouvrage.

Elle se souvient s'être moquée d'elle. De cette situation, où chaque jour, sans se poser de question, cette petite araignée s'était remise à refaire son travail. Sans jamais abandonner ou renoncer malgré cette absurdité de devoir recommencer un tel effort au quotidien.

Mathilde se dit que si cette petite araignée pouvait la regarder aujourd'hui, ce serait elle qui se moquerait.

Oui, ce serait elle qui rirait de tant de ressemblance.

Alors, Mathilde sourit, à la mer, en hiver...

# L'imperceptible

— Tu sens ?

— Quoi ?

— Le *Rien*.

— Non !

— Alors c'est que tu n'y es pas encore…

Mathieu regarda son voisin fixement et demanda au silence de l'aider à obtenir d'autres explications.

Stéphane garda la tête basculée en arrière et ne joua pas avec l'impatience de son ami.

— Tout ce *Rien* au-dessus de nous, ou tout ce *Tout* qui fait qu'on est *Rien*…

— J'ne sens toujours pas…

— Regarde là-haut, les étoiles Mat', elles, elles connaissent ça, le *Rien*. C'est la seule valeur sûre.

Mathieu avait regardé les étoiles, s'était concentré sur les mots, il ne sentait toujours pas. Ne voulant pas accentuer sa propre gêne, il préféra se taire, tout en espérant qu'un monologue de son ami allait, comme d'habitude, l'emporter loin de là. Peut-être si loin qu'il sentirait enfin le *Rien…*

Mais cette fois-ci, aucune autre phrase ne sortit de la bouche de l'orateur attendu. Aucun envol poétique. Aucun partage imaginatif. Juste un silence contemplatif. Un long silence sans réponse qui ne plut pas à Mathieu.

Parce qu'il n'aimait pas être seul, ni dans une pièce, ni dans une émotion, il brisa la vision béate de son partenaire.

— Tu crois que les flics vont savoir pour les compteurs, que c'est nous ?

— Mais non, Mat' ! Regarde plutôt là-haut ! Si ça nous tombe dessus, ça sera par le haut, alors…

— N'empêche qu'avec mon père qui bosse à EDF, ils vont vite faire le rapprochement. Même que les voisins diront " Oh ! Ça doit être à cause du fils Morel, avec son père à EDF, il doit sûrement connaître des trucs pour plonger tout un quartier dans le noir ! ".

— Mais qu'est ce que tu as, là ? Tu veux gâcher notre petit moment ? A chaque fois, c'est pareil Mat' ! Tu t'excites comme un gamin avant l'acte, et après, tu regrettes comme un adulte ! Tu ne te laisses pas le temps de grandir. De profiter deux secondes de ta connerie et de te foutre de la terre entière ! Toi tu penses trop et tu flippes…

— Mais j'ai le droit de…

— De regarder le ciel bordel ! Voilà, à cet instant, ton seul droit ! C'est pas toi qui t'es plaint des lumières de la ville ? Qu'on ne voyait jamais une étoile ? Que tu ne pourrais jamais connaître la grande Ourse, l'étoile polaire, les constellations ? Et surtout, que tu n'aurais jamais l'occasion de voir une étoile filante et de faire un vœu ?

— Oui, mais…

— Alors, tu mates, Mat' ! Tu ouvres tes yeux et tu avales le *Rien.* On est en haut de ce putain d'immeuble, tranquilles comme deux potes sur un toit, alors, s'il te plaît, profite ! On est bien ! Et si on a fait sauter une vingtaine de compteurs pour ça, c'est pas grave, parce que ça ne change pas l'instant qui est là. Toi et moi, sous les étoiles…

Mathieu ne pensa plus aux flics, aux mauvais voisins, ou à la réaction de son père s'il l'apprenait.

Il pensa à la voix et aux mots de son ami. De son complice. Ce frère d'arme qu'il avait, comme dans les films. Alors, par fidélité à cette amitié, il s'allongea à nouveau sur le dos, s'enveloppa du silence, et força sa vue à se concentrer sur le champ qui lui était offert.

Un champ d'étoiles. Des millions de lumières éloignées qui lui donnèrent enfin une idée presque tactile du mot Univers.

Dedans, pensa-t-il, il y a Saturne, Mercure, Mars, Jupiter… Et parce qu'il était incapable de situer une seule de ces planètes, il se senti étrangement loin des mots qu'il connaissait. Loin de toute connaissance utile, de tout savoir, de tout ce qu'il avait appris. Si loin de tout ce qui concernait son quotidien, sa vie.

S'il n'y avait pas eu, soudain en bas, les sirènes et les gyrophares, et tout ce bruit de ville dans la nuit, il y serait sans doute arrivé...

### *La nuit pour soi*

Ça y est, les *parents* dorment.

Et j'ai la nuit pour moi…

J'ai attendu longtemps que les dernières lumières disparaissent sous les pas de porte.

Que le silence devienne enfin roi, comme le plus doux moment de ma journée.

Tout est calme, et je goûte avec volupté à ces longues secondes sans bruit ni mouvement.

Comme une demoiselle fantôme, je déambule de pièce en pièce, pour m'abreuver de cet espace qui est devenu le mien, où je suis la dernière gardienne.

J'ouvre la fenêtre et la chaleur de cette nuit d'été touche mon visage, telle une brise de liberté, première bouffée de la fin de mon adolescence…

Je n'ai pas peur de ce que je m'apprête à faire.

Après tout, combien de fois, j'ai imaginé cet instant ?

Combien de fois, j'ai rêvé partir de cette famille d'accueil et retourner là-bas, dans mon pays, mon vrai pays ?

Celui qui m'a vu naître. Celui qui a emporté ma famille, et laisser en exil un grand frère et une petite sœur qu'aujourd'hui tout sépare.

J'ai grandi en silence, et appris à obéir au bon moment.

J'ai fait comme on m'a dit et n'ai versé aucune larme, il y a quatre ans quand ils m'ont séparée de lui.

Mon cœur est une pierre chaude où j'ai appris à brûler le trop plein de mes sentiments.

Et maintenant, j'ai la nuit pour moi…

Telle une missionnaire, je sais exactement ce qu'il me reste à faire.

Parce que tout est prêt, caché, prévu.

Parce qu'il ne me reste plus qu'à…

Mon sac, mon argent, mon itinéraire, tout est là, à mes pieds.

Et ce dernier regard sur ces murs.

Un tour d'horizon dont je devinais qu'il allait quand même me glacer ma pierre chaude, car après tout, cet endroit est sans aucun doute celui qui m'aura vue le plus longtemps grandir…

Il y a ma chambre, et tous mes cahiers d'école.

Ces mots de mes copines d'ici, qui peu à peu m'ont ouvert leur jeu et leur complicité.

Il y a ces livres comme autant de voyages, d'heures remplies loin du réel et qui pourtant souvent ont construit mon identité. Car je me suis abreuvée de livres depuis que l'on m'a accordé la chance d'apprendre à lire.

Je dis *chance* et *accordé*, car dans mon pays à moi, c'est comme ça qu'on dit.

Pour moi, lire m'a tout simplement sauvée.

Mon regard se promène sur ma bibliothèque et je vérifie au passage que la petite sélection que j'ai faite de bouquins me suffira.

La porte derrière moi grince, et je sens se frotter dans mes jambes, Chatine la belle siamoise.

Elle aussi va me manquer. Sentir son poids sur mes pieds au-dessus des couvertures quand le mois de Février persiste et signe toute sa froideur, et ses ronronnements au creux du cou, comme les moteurs d'un avion qui ne décollera jamais.

Un chat pour sa solitude à soi, disait la grand-mère qu'on allait voir certains dimanches, avant...

Je continue mon parcours nocturne telle une voleuse que je ne suis pas, mais usant sans aucun doute de cette même concentration essentielle sur la préservation du silence.

J'ouvre le plus doucement possible la porte de la chambre la plus précieuse. L'espace confiné où doit dormir paisiblement Julien. Ce petit bout de vie qui est arrivé depuis presque deux ans et qu'on ma présenté comme mon nouveau petit frère.

Je me souviens encore du rire bête de cette femme qui un jour avait laissé échappé :

— A part la couleur, il y a un vrai air de famille entre la sœur et le frère. Le même regard pas content !

Mètre après mètre, je me penche doucement au-dessus de son berceau.

Julien a les yeux grands ouverts.

Il me regarde et puis sourit.

Un sourire de bébé qu'il n'a pas droit de me faire.

Parce que je lui dis à chaque fois : tu crois que c 'est avec ton petit sourire de bébé que tu vas me faire oublier tous tes cris ?

Mon cœur est une pierre chaude sur laquelle je ne sais plus comment y brûler le trop plein de sentiments, et, Julien me regarde.

Etrangement je n'ai pas peur qu'il se mette à pleurer, ou à réclamer mes bras, je sais, sans pouvoir dire ni comment ni pourquoi, que je peux lui faire confiance. Que sur ce coup là, la sœur et le frère seront complices…

Je l'embrasse sur le front, respire son odeur de bébé et de cheveux tout propres, en lui murmurant un " chuuutt… dors… dors tranquille " juste et suffisant et je m'arrache de ce sourire qui pourrait me faire tout changer…

Il me reste un regard sur mes parents adoptifs. Leur porte est toujours entr'ouverte, je n'ai juste que la tête à passer et un *au revoir* à murmurer. Sans chercher à y accorder plus de minutes, car là aussi, plus le temps passe, plus je risque de m'attacher à eux et de ne jamais revoir mon vrai frère, et mon vrai pays.

Condamnée à vivre une vie que je n'aurais pas dû…

Mes yeux ont beau s'adapter à la pénombre, je devine une seule forme sous les draps. Mon instinct se réveille mais mes sens n'ont pas le temps de se mettre en alerte que je sens une main sur mon épaule !

Je me retourne et Brigitte, ma mère adoptive, est là. Elle me prend la main et me dit juste :

— Viens…

Nous arrivons dans la seule pièce qui est allumée, après avoir déambulé l'une accrochée à l'autre, les couloirs et l'escalier, sans dire un seul mot.

Là, sur la table de la cuisine, mon sac. Ouvert…

— Assieds-toi !

Je m'assoie.

— Tu veux partir ?

— Oui.

— C'est à cause de nous ?

— Non. C'est à cause des gros vides que j'ai dans la poitrine et que, malgré tous vos efforts, vous ne pourrez jamais remplir.

— On ne veut pas les remplir, ma belle. On veut t'offrir autre chose.

— Je ne veux pas qu'on m'offre ! Je veux l'Afrique et je qu'on m'aime ! Je veux mon vrai frère !

— Alors tout devient possible Cléa.

— Pardon, je ne comprends pas…

— Ton *vrai* frère devrait nous rejoindre à la rentrée…

— Quoi ? C'est pas vrai ! Mais…

— On a continué nos démarches et elles ont abouti. On a reçu la confirmation ce matin même…Si avec ça, on ne croit pas aux hasards et aux coïncidences…

— Mais vous n'en parliez plus ? Et puis, avec Julien, je pensais que…

— Qu'on voulait aussi remplacer le vide dans ta poitrine par un autre petit frère ? Si on ne t'en parlait plus c'est tout simplement pour éviter de te nourrir d'espoirs qui auraient pu s'écrouler d'un coup et t'anéantir, encore… Et puis, une famille ça ne se remplace pas, ça s'agrandit Cléa, de plein d'amour tout aussi fort et pourtant différent. Même si parfois, tu as peur de l'entendre, même si tu refuses toujours de me parler de tes cauchemars, de tes peurs profondes, je suis là, et depuis quatre ans déjà je t'aime un peu plus chaque jour. Comme une mère aime un enfant, sans jamais pouvoir revenir en arrière…

— Je…

— Maintenant si tu veux toujours partir, si ce désir là est trop fort… si ton Afrique…

— Non.

Je sers contre moi ma mère de cœur, et mes larmes coulent en silence, comme elles en ont toujours eu l'habitude.

Mon cœur est une pierre chaude où les émotions fusionnent. Où les certitudes naissent. Où l'envie de partir, la nécessité de revoir mon pays me restent des rêves essentiels.

Mais j'ai la vie pour moi…

*Dans le port de Javéa*

Il y a des bateaux qui ne partent plus et des vieux pêcheurs qui passent leur temps à jouer aux dames ou aux échecs.

Miguel et Jimen sont de ceux là.

Tous les soirs, à la même heure, assis l'un en face de l'autre, à la terrasse de ce petit café qui offre la meilleure vue sur l'embouchure.

Cet étroit couloir qui les menait avant, vers la pleine mer. Vers le vrai océan…

Mais le temps passe, et les hommes ont déjà bien trop pêché.

Les grandes surfaces ont remplacé les ventes à la criée et le vide, les fonds marin.

Alors, depuis six ans, maintenant, Miguel et Jimen, comptent leur chômage, et jouent leurs souvenirs entre deux tours, deux cavaliers, jusqu'à l'échec et mat.

Il y a cet été 86 qui revient souvent, dans leurs conversations, quand leurs bateaux n'avaient besoin de sortir qu'à peine deux jours avant de rentrer pleins...

Cet été durant lequel tous ont cru qu'ils allaient faire fortune et que les grands bancs dont parlaient les grands-pères étaient enfin revenus près des côtes.

— Si j'avais fait fortune, j'aurais eu ma vraie vie... Et elle m'aurait épousé...

— Encore une fois, moi je ne pense pas que c'est l'argent qui fait le destin d'un homme...

— Ah oui ? Et c'est quoi alors ?

— Les rêves et l'océan...

— Toi t'es un poète et un marin dans l'âme. Au fond les femmes et l'amour tu t'en fous...

— Et si mes rêves parlaient d'amour ?

— Alors c'est qu'en quarante ans d'amitié tu ne m'auras pas tout dit...

Il y a ce doux silence et ces regards qui ne se croisent pas mais font semblant de se concentrer sur le jeu.

Tout en avançant son fou de trois cases en diagonale, Miguel ose prolonger un des mystères les plus intacts sur son ami.

— Ton rêve à toi s'est brisé quand ? Pour que tu en fasses un mur ?

Jimen prend son verre et avale une longue gorgée de ce whisky irlandais qu'il a comme péché.

— J'avais dix sept ans. Et elle est morte en deux mois... Comme ça, d'une maladie... C'est comme ça aussi que j'ai arrêté de dire non à mon père et que je suis devenu marin.

— Pourquoi tu ne me l'as jamais dit ?

— Parce que j'avais l'océan pour ça...

Les deux hommes tournent leur regard, instinctivement vers la grande dame…

La nuit est déjà là et les lumières de Javéa se reflètent jusqu'à la sortie du port.

La mer est calme, noire et profonde.

— Et toi, tu penses vraiment que c'est à cause de l'argent que tu l'as perdue ? Si son père ne voulait pas qu'elle épouse un marin, pourquoi ne pas avoir changé de métier ? Ou vous enfuir tous les deux, à vous inventer mille vies ?

Miguel regarde la mer, son cavalier entre les doigts :

— A cause d'elle, la mer… Jamais je n'aurais pu la quitter… La première fois que j'ai accompagné mon père, j'avais neuf ans. Et on est resté tous les deux, à naviguer et à pêcher pendant six jours et cinq nuits... Chaque nuit, on s'allongeait sur le pont avant et on regardait les étoiles. Le bruit de la mer, la nuit et la voix de mon père qui me disait : *tu vois fils, il n'y a que le présent qui compte... Demain est un mensonge...* Alors, jamais je n'aurais pu quitter l'océan pour des demains impossibles...

— Tous les deux on n'a pas trahi notre destin, au final. Ni les femmes qu'on a aimées, ni la mer…

— Sauf que les femmes qu'on a aimées, c'était il y a vingt ans et que notre mer on la regarde de loin depuis six ans...

Le silence est lourd comme un orage qui ne vient pas.

Une lueur dans les yeux qui ressemble presque à un de ces reflets bleus lumineux des bars à touristes et qui se reflètent dans ce bord de mer, juste à peine plus loin que le vieux port. Miguel demande :

— Ton bateau, ton cousin l'utilise toujours ?

— Oui, de temps en temps. Comme pour me faire savoir qu'il ne me l'a pas acheté pour me rendre service.

— Et il l'a mis à Dénia ou il l'a laissé ici ?

— Pourquoi tu me poses toutes ces questions d'un coup sur mon bateau, avec ton regard tout pétillant ? Tu ne crois pas que je te vois arriver avec ta tour pour un échec ?

— Je me fous de ma tour, il n'y a que ton bateau qui m'intéresse...

— Tu veux le racheter ?

— Non… Je veux qu'on le vole pour une nuit

— Qu'on vole mon bateau ?

— Toi, moi, la mer, et une bouteille de vieux whisky irlandais sur le pont, pour les mille vies qu'on n'a pas eues…

— Il y a des moments où je me demande vraiment si tu es fou ou poète. Alcoolique ou rêveur…

Miguel sourit. Il pose d'un geste détaché sa tour :

— Echec et mat ! Allez, lève toi, on y va !

— Où ça ?

— Sur ton bateau...


La ville a disparu.

Dans la nuit et sur l'océan, un bateau navigue au hasard.

Sur le pont, deux hommes se sont allongés sur le dos, et regardent, là-haut, le ciel.

Le vrai.

Celui qui est une carte.

Celui qui pleure des milliers d'étoiles...

Profitant de ce silence des plus complices, où chacun s'est maintenant accordé avec la certitude de ne jamais revenir, ils regardent l'univers et écoutent les vents marins, le bruit répétitif mais pourtant aléatoire des vagues sur la proue.

Tout redevient possible.

Les rêves. Le monde.

Et comme le temps qui passe, demain est à sa place.

Rien d'autre qu'un mensonge…

### *Même que c'est vrai...*


— Il n'arrivera jamais à monter...

— Je te pari cinq euros qu'il y arrive !

Du haut de leur cabane. Téo et Marc se tapent dans la main. Chacun avec ce regard déjà si masculin d'être sûr de lui.

En bas ou presque, Julien avale sa salive et brave sa peur pour continuer son ascension et, d'une main, d'une poussée de son pied droit, pour oser l'altitude.

— Elle est trop haute ta cabane... J'suis sûr que ta mère ne serait pas d'accord de nous savoir là !

— C'n'est pas une cabane, c'est un refuge ! Un endroit secret pour tout comprendre du monde...

Alors que Julien ferme les yeux pour ne pas regarder en bas, Marc murmure à son complice :

— Ça c'est pas une phrase de toi.

— Pourquoi tu dis ça ?

— Ça sent la phrase grand-père ou grand frère... Nous, on ne parle pas comme ça à dix ans...

Téo ne répond pas et choisit de se pencher plus en avant pour constater la progression de Julien et sa future victoire.

— Vas y Julien. Attrape la grosse branche à ta droite et passe ta jambe par dessus. Il ne te reste que deux, trois mètres et, à toi le Nutella…

— Ouais, surtout lâche pas, parce qu'à cette hauteur, tu tombes et t'es mort !

— J'ai peur !

Julien s'est accroché de toutes ses forces au tronc et ferme les yeux.

— T'es vraiment con toi ! Comment veux tu qu'il y croit avec tes conneries ? Déjà qu'il n'a jamais confiance en lui...

D'une voix plus forte, Téo encourage son ami :

— Ne l'écoute pas Julien… On n'est pas à plus de cinq mètres… Et on ne meurt pas de cinq mètres ! Regarde vers nous ! Seulement vers nous et avance !

Julien de ses deux billes marron, regarde là-haut ses deux potes qui lui sourient.

Il puise en lui un courage qu'il ne connaissait pas et monte encore.

Quelques longues et éprouvantes minutes plus tard :

— Tu me dois cinq euros !

— C'est bon! Je sais ! Passe moi le pot de Nutella et la cuillère plutôt que de te la ramener

Peut-être est-ce l'effet de ce chocolat dans le ventre, ou l'altitude et cette vue captivante sur toute la vallée, mais doucement le silence s'invite entre les trois garçons et aucun n'a la volonté de briser cet étrange instant.

La lumière de cette fin de soirée d'été, le chant des cigales en contre-bas et cette impression délicieuse d'être au dessus du monde…

Cachés, même des adultes...

Hors de portée de tout rappel à l'ordre, Julien demande :

— Il a un nom cet arbre ?

— Oui… Avec mon père on l'appelle *l'arbre de vie...*

Marc et Julien se regardent, avec la même envie refoulée dans leurs yeux de corriger la conjugaison de cette dernière phrase. Mais comme la vraie amitié sait imposer de doux silences, aucun des deux ne se prononcent.

— C'est pas un joli nom ? Pourquoi vous ne dites rien ?

— Parce qu'on écoute encore comment sonne ce nom, vu d'ici...

— Parfois toi aussi, tu vois, tu parles comme un grand. Avec des jolies phrases qui font des points suspendus dans la tête...

— C'est que mon grand frère s'est mis à écrire des poèmes, et il me les lit parfois.

Parce que Téo et Marc le regardent avec instance, Julien rajoute :

— Même que c'est vrai...

— Moi mon grand frère, il a dit à mes parents qu'il voulait *plus de ce monde capitaliste et égoïste* et après que mon père se soit fâché et ait claqué la porte du salon, ma mère lui a donné deux cents euros en lui disant : " ça t'évitera de faire la manche tout de suite ! " Alors mon frangin, il a fait un sac a dos qu'il s'est mis sur son ventre, puis il est parti...

— Comme ça, d'un coup ?

— Oui, comme ça, d'un coup. Au beau milieu d'une dispute normale et habituelle... N'empêche que ça fait une semaine aujourd'hui...

— Et aucune nouvelle ?

— Si... Juste le troisième jour, je l'ai surpris venir prendre des provisions dans le frigo en douce... Il m'a juste dit de ne pas le dire et qu'il allait partir en Inde...

— En Inde ?

— En Inde ! Et il a rajouté : *là-bas, on peut libérer l'esprit...*

— L'est bizarre ton frère quand même...

— Ouais, parce que à part les indiens, les temples et les cochons je ne vois pas ce qu'il y a en Inde...

— Les cochons ? On ne m'a jamais parlé de cochons en Inde, juste des vaches qui sont sacrées et libres.

— Libres comme l'esprit de ton frère ? C'est ça qu'il est parti chercher : être libre comme une vache sacrée ?

— T'es con toi ! Une vache ça ne pense pas, ça rumine.

— Moi ma soeur, ça doit être une vache parce que ma mère n'arrête pas de lui dire "qu'est ce que tu as encore à ruminer dans ton coin ?"

— C'est toi qu'est con ! C'est une expression !

— Les cochons d'Inde...

— Quoi ?

Il y a ces regards multiples qui se croisent et se comprennent.

Il y a, tout en haut d'un arbre qui domine la vallée, des rires d'enfants.

Et un pot de Nutella qui se vide...

— Moi j'ai un oncle qui n'a pas vu l'Inde mais qui a fait le tour du monde en voilier.

— C'est ton oncle Luc, c'est ça ? Celui qui est marié à une africaine ?

— Oui, c'est lui. Et l'oncle Luc m'a même raconté une nuit, en mer, où la lune n'éclairait que les ailerons de requins qui tournaient autour de son bateau...

— Tu déconnes ? L'angoisse !!

— Même que c'est vrai ! Il n'y a qu'au lever du soleil que les requins avaient disparu...

— Moi quand je serais grand, j'ferais un tour du monde, mais pas en voilier, en montgolfière.

— Pourquoi en montgolfière ?

— Pour ne voir le monde que d'en haut... Comme la vue de cette cabane…

Téo, Marc et Julien se taisent de nouveau.

Chacun laissant se perdre son regard sur cette vue imprenable sur la vallée.

Alors, comme certains silences ressemblent à de la confidence, sans même penser choisir ses phrases, Marc s'entend lui-même poser cette question qui le hante depuis le… Enfin depuis…

— Tu y arrives ? Je veux dire : te dire que ton père est … parti…
Que tu ne le reverras plus jamais ?

Téo regarde cette vallée qu'il avait admirée la première fois avec
lui, justement. Et c'est comme si des centaines d'images lui
revenaient d'un coup.

Lui aussi ne prend pas le temps de choisir ses mots pour
répondre, et laisse son coeur et son regard sur la vallée le faire
pour lui :

— Non... J'peux pas dire ça… Mais c'est comme si j'étais sûr
qu'un jour j'allais le retrouver... Là-haut, quelque part... Même si
je dois le chercher derrière chaque étoile...
— Mon grand-père, il dit qu'on a plusieurs vies et qu'on n'arrête
pas de se croiser. Que dans une vie on peut avoir un père et dans
un autre le retrouver en fils, en frère ou en ami.

— De toute façon on ne peut pas avoir autant de sentiments dans
le cœur pour que ça s'arrête là… Et il y a bien assez d'étoiles
pour que tu le retrouves...

Parce que Téo aime particulièrement toute la résonance de cette
dernière phrase, il demande à son tour à celui qui avait mis trois
fois plus de temps à monter qu'à finir le pot de chocolat :

— Et cette phrase là elle est de qui ?

— De moi. Même que c'est vrai…

Il y a la vallée et le soleil qui se couche dedans.

Et rien d'autre que trois enfants en haut d'un arbre.

Les uns contre les autres.

Mangeurs de Nutella et chercheurs d'étoiles.

Face à tous les vents…

# Les champs du Possible

Je suis là.

A tourner autour de ce rond-point depuis dix minutes.

Je ne sais pas exactement pourquoi mais je sens que la direction que je vais choisir va changer ma vie...

Pourtant, des ronds-points j'en ai déjà pris un paquet mais là j'arrive pas à me décider.

Sans doute cette histoire d'effet papillon à la con...

Tellement conscience maintenant que cette théorie explique même le hasard de mon existence, qu'à présent, face à un choix, je me retrouve à philosopher sur tout un tas de champs des possibles...

Et si je prends à droite, est ce que j'arriverais plus vite ?

A gauche, rencontrerais-je quelqu'un qui changera ma vie ?

Et tout droit, aurais-je un accident ?

Sachant que même si je fais demi-tour, je n'arriverais pas à remonter mon propre passé...

Pourtant, il y a cette évidence persistante et étrange qui me certifie que mon choix aura son lot de conséquences. Et c'est exactement ce poids-là qui me fait hésiter…

A toute chose, son prix à payer, on pourrait simplement dire, mais un peu comme quand on lit les menus et les prix d'un restaurant à l'extérieur, j'aimerais bien avoir une idée précise du menu de chaque option proposée, et, surtout, du prix qu'on va me réclamer...

Pourtant je sais que je pourrais presque en deviner la valeur :

Si je fais demi-tour, je retrouve ma vie d'avant et de toujours...

Si je prends à droite c'est que j'ai décidé de tenter de la retrouver, elle, et que je crois en une histoire dont au final, je ne sais rien...

Tout droit, je m'en vais rejoindre mon ami, mon pote avec qui je me suis assez inventé de vies pour ne pas arriver à en oser une...

A gauche, enfin, je file vers mon inconnu, et un destin dont je ne sais délicieusement rien...

Un rond point et des tas de papillons invisibles qui battent des ailes.

En même temps j'aurais pu rester tranquille chez mon petit chez moi et ne pas me faire ce mauvais trip, qu'à mes trente ans, je devrais choisir une vie...

En fait, si je suis coincé sur ce rond-point c'est à cause de cette pression que je me suis mis tout seul en me répétant dans mes nuits à moi qu'à cet anniversaire-là, je devrais être dans la course d'un de mes grands rêves...

Celui d'avoir une belle avec qui construire et rêver à deux.

Celui d'avoir découvert trois continents sur cinq et m'être perdu dans des cultures et des paysages si différents de ma vie.

Celui de ne pas trahir cet ami et cette promesse d'adolescent de partir un jour, en Espagne, sur les terres andalouses.

Celui de ne faire que voyager et écrire...

Et me voilà à avoir la tête qui tourne à force de penser, de vouloir provoquer un choix. A force de me rendre compte surtout, que je n'ai pas osé accomplir aucun de ces rêves :

Toujours célibataire.

Un seul continent à mon actif.

Un ami qui vient d'être cadre d'entreprise et jeune papa.

Et des voyages que je n'écris plus.

Alors, voilà, je tourne.

Perdu sur un rond-point.

A la recherche de mon battement d'ailes. Petit papillon parmi des millions...

## *Elle me regarde*

Je sais qu'elle sait.

Je le vois dans ses yeux, dans ce silence qui s'est glissé.

Elle se tient droite, face à moi, ses deux mains qui serrent sa tasse de thé.

Parfois elle lève son regard, me sourit avec juste cette goutte d'inquiétude de mère au bord des lèvres, qui voudrait presque se sourire à elle-même, qui voudrait y croire.

Mais il y a de la peur dans ces yeux là, et tant d'amour aussi.

Je ne peux m'empêcher de la fixer, comme si je voulais imprimer toute sa présence dans ma mémoire. Cette attitude, tellement elle, ses yeux bleus, son dos droit et ses deux mains qui enserrent la porcelaine contenant sa boisson chaude préférée.

J'ai toujours eu en moi cette image, comme quelque chose qui éteint le temps qui passe, les années, les anniversaires, les événements.

Ma mère, son thé, et ses deux mains qui se réchauffent.

Au petit déjeuner, devant un bon film, en lisant un livre dans le jardin, en regardant la mer ou les montagnes et, tant de fois en s'adressant à moi.

Quand elle me regarde prendre mon goûter. Quand elle me fait réciter mes devoirs. Quand elle me questionne sur mes amis, mon travail, mes projets. Juste là, ses yeux bleus et l'odeur de son thé.

— Donc tu as pris ta décision... Tu vas partir longtemps ?

La première question est tombée. Juste après une lente gorgée. Comme si une fois encore elle s'était servie de la chaleur de son liquide pour éclaircir sa voix ou se donner assez d'assurance pour oser se lancer.

Je sais d'avance que quelque soit ma réponse mathématique, puisqu'il ne s'agit que de chiffres, il sera question aussi de tout ce temps sans moi, sans nous. Une réponse qui va serrer son cœur et qu'elle redoute. Comme moi, je redoutais cette conversation.

— Minimum six mois, maximum... Deux ans.

— Deux ans…

— Maximum ! Maman.

— Tu es sûr que c'est un organisme sérieux ? Tu ne risques rien ?

— C'est une O.N.G qui intervient depuis déjà vingt ans partout dans le monde. Et je risque plus à ne pas oser cette expérience qu'à la vivre en vrai.

— Tu es comme ton père...

La phrase est jetée.

Avec juste le silence pesant d'après pour en isoler encore plus toute la teneur. Mais j'ai l'avantage d'avoir imaginé cette scène des dizaines de fois pour choisir de ne pas répondre à cette ouverture qui ne veut rien dire.

Du moins qui nous éloigne l'un et l'autre de notre véritable émotion.

Mon père est parti sans prévenir, comme on décide que maintenant tous les autres matins seront différents. J'avais deux ans et parce que, pour ma part, je n'ai pas de souvenirs assez consistants de cette rupture, je ne peux pas admettre de comparer mon départ à cet abandon...

J'ai juste besoin de... Respirer...

Et voir le monde... A mon tour me sentir utile.

Et il me faut tant me battre pour ça... Lutter pour mes diplômes, mes stages aux urgences, ma titularisation au sein de l'organisme, de convaincre ma belle Virginie de mon absence, et pourtant de tous ces petits et grands combats rien n'est plus dur que celui que je mène, là...

Dans ce silence où ma mère et moi, on se démène.

Il est 22h24 sur l'horloge de la cuisine et dehors j'entends le chien qui aboie, alors je saute sur le prétexte, comme on saute dans le vide, pour arrêter l'instant d'avant.

— Tu veux que je fasse rentrer le chien ?

— Non, il va se taire dans cinq secondes.

Je suis sur que si j'avais compté, on y serait exactement.

 Katour, notre labrador s'est tu d'un coup.

Et le silence a repris sa place. Cette fois, c'est elle, qui encore après une gorgée, le rompt.

— Et Virginie ? Ta mère c'est une chose, mais elle ? Elle sait ce que cela veut dire deux ans sans toi ? Sans l'autre ? Loin des yeux...

— On sait que ce ne sera pas facile... Que c'est un risque... Mais on sait aussi que si c'est pas maintenant, ça sera jamais... Elle me veut être moi...

Ma mère me fixe, de ses magnifiques yeux bleus.

Son thé est suspendu, entouré par ses mains entre son visage et la table.

— Alors c'est tout ce que je te souhaite...

Parce que cette phrase est comme un thé tiède suspendu en l'air, tant par sa teneur que par le ton posé de la voix qui l'a porté, je m'élance :

— Tu me souhaites d'être moi ? Tu veux dire, tu comprends ? Vraiment ?

Encore mieux, elle sourit...

— Je te souhaite mille rêves pour demain, mon fils... Et plus encore…si tu savais…

Sous la table, je sens mes jambes trembler. Une émotion immense monte en moi, et me bouleverse réellement...

Il faut être fils pour comprendre...

Il faut avoir un avion à prendre dans moins de douze heures pour provoquer autant...

Votre relation à vous, votre relation aux autres.

Moi qui m'étais imaginé toutes les réponses, tous les scénarios. Je redoutais la comparaison au départ de ce père que je ne connaîtrais sans doute jamais, et me voilà juste après, renversé par des phrases que je n'attendais pas. Et je sens que ce n'est pas fini...

Dehors, la nuit se prolonge.

En fait, j'ai toujours autant espéré que redouté ce moment... Ou, malgré les autres, tous les prix à payer et nous, tu oserais être toi… Malgré tous les vents des sentiments, tu oserais tes rêves…

Je l'ai espéré pour toi parce que moi j'ai abandonné les miens, et je le redoute encore car je sais d'avance tout ce vide qui va remplir mon quotidien... Mais quand on rêve, il faut partir… Un rêve, c'est avant toute chose, un voyage.

Comment fait elle pour encore, après vingt cinq ans, toujours me surprendre ? M'apprendre ? Me grandir et me bouleverser ?

Alors que je me débats avec mon trop plein d'émotions, mes jambes tremblantes et ces questions, elle se lève et remets en route la bouilloire...

En temps normal, j'aurais fait la remarque qu'à cette heure tardive, cela fait peut être trop de thé, mais ce soir, c'est une autre phrase qui me vient. Une vraie interrogation. Que j'aurais dû en fait me poser depuis longtemps, si j'avais eu assez de ... Recul...

— Et toi, maman, c'est quoi les rêves que tu as abandonnés ?

Alors que de dos, elle prépare son énième thé, ma question fige un instant sa silhouette, et je devine son regard qui se lève, comme s'envole bien plus loin le papier peint qu'il fixe depuis quelques secondes. A mon tour de surprendre...

Elle se retourne, son bol tiède entre les mains, le pose sur la table, s'assoit, le reprend entre ses paumes, puis avant de répondre, tout doucement, me sourit...

Dehors la nuit se rallonge et ça lui va bien...

— J'ai eu en moi deux grands rêves bien différents l'un de l'autre. Le premier est né dans l'enfance, quand mes parents ont voulu que je fasse du piano... Les premières années, je me souviens pourtant avoir détesté ça... Le solfège, la clé de Sol, la clé de Fa et mes doigts jamais assez souples... Puis à quatorze ans, j'ai changé de prof, et mon rêve a grandi : je voulais être pianiste. Peindre le monde et mes émotions avec des notes...

Mon second rêve est venu plus tard, juste après mes dix-huit ans : aller vivre à Madagascar...

Le silence qui suit et qui correspond à la gorgée qu'elle prend de son breuvage me devient intemporel, immense, si profond...

Comme si pour la première fois, je la regardais et l'écoutais vraiment...

Comme si elle n'était tout simplement plus ma mère, mais bien un être humain à part entière...

Que je la découvrais totalement, comme on lève un rideau sur une scène.

Une femme qui a été une enfant, une ado, puis jeune adulte avec ses rêves à elle, que j'ignorais avant ce thé. Comme si pendant toutes ces années, je n'avais qu'un regard de fils, aveuglé par le besoin de ce lien, sans m'attarder un instant à m'interroger sur l'être humain qui m'a bordé et m'a appris à grandir...

Je me sens, à la veille de ce départ, si... ignorant, que je ne sais plus quelle question choisir parmi les dizaines qui me viennent. Alors pour nous sortir du silence, je reviens à la première qui m'est venue :

— Pourquoi tu as arrêté le piano ?

— Parce que je n'ai pas su dire... " Je "... Parce que la vie est un train que l'on vous choisit... Ça s'est joué sur un whisky. Une conversation avec mon père entre le conservatoire et des études de droit... Une conversation d'une heure où je n'ai pas su dire " Je " pour le reste de ma vie... On m'a inscrite à la fac, et j'ai arrêté le piano, les cours, les festivals, les concerts...

— Les concerts ? Tu faisais des concerts ?

— J'avais même un groupe, avec un violoniste,  un bassiste et une chanteuse...

Alors que je me sens déjà si loin de tout, si perturbé de n'avoir pas eu plus tôt cette curiosité sur ma belle génitrice, elle poursuit d'elle-même, sans aucune autre gorgée...

— Les plus belles années de ma vie sont là, dans un mini bus qui sillonne la Provence, et les scènes où jouer... Deux ans, deux étés à vivre de musique, d'amitié et de rencontres. Deux années à survoler, à vivre au dessus de tout... J'étais excellente au lycée, donc libre la plupart du temps... Libre d'écrire et de composer, n'importe où... Et puis...

— Et puis ?

— Il y a eu la nécessité d'un avenir et la porte d'un train qui se ferme sans même qu'on s'en rende vraiment compte. D'ailleurs, je n'ai eu qu'un seul vrai moment de révolte et d'insurrection. Juste après cette conversation avec mes parents, je me suis réfugiée dans ma chambre et là j'ai imaginé prendre toutes mes économies et m'enfuir à Madagascar.

— Pourquoi Madagascar ?

— Quand j'étais petite mon père n'arrêtait pas d'en parler parce que bien avant ma naissance, il avait été prof plusieurs années là-bas. Et ses yeux brillaient tellement lorsqu'il nous racontait, à nous, à ses amis, sans cesse dans ces souvenirs. Alors quand j'étais ado, j'ai pris à la bibliothèque tout ce qu'il pouvait y avoir sur cet étrange continent, et j'en suis encore plus tombée curieuse et amoureuse...

— Mais tu n'y as jamais été ?

— Non. Jamais.

Le silence est tombé, lourd, profond, et la nuit n'en finit pas de se rallonger.

Le regard, comme quelque part, elle boit son thé en plusieurs petites gorgées successives avant de le reposer, presque vide.

Je ne la quitte pas des yeux, bouleversé d'avoir en si peu de temps, appris autant. Alors que je me demande pourquoi il faut toujours des ruptures, des virages pour que les choses jaillissent et que les êtres se dévoilent, ma mère se lève et appelle le chien.

Par cette attitude, je sais qu'elle a décidé d'en finir avec ce nouveau silence, et même avec toute confidence. Parce qu'elle est comme ça, discrète, secrète, si pudique, presque effacée, et pourtant...

Après avoir couché le chien à sa place, elle éteint tour à tour, sans d'autre mot, les lumières du couloir, de la terrasse, du salon.

Puis, doucement elle se dirige vers moi, et presque à ma hauteur me lance enfin :

— Je te laisse éteindre la cuisine.

Elle se rapproche encore, m'embrasse le front, la joue et me murmure :

— A très vite… Je t'aime mon fils…


3h20… Dans ma chambre où je n'ai pas dormi depuis si longtemps, mes larmes coulent sur mon clavier… Doucement, lentement, elles parcourent mes joues et glissent en silence.

L'imprimante, dans un bruit que je voudrais plus discret, crache enfin ce que j'ai mis une heure à chercher, organiser, valider et payer.

Je sais que je n'arriverai pas à dormir…

Alors il me reste quelques heures pour imaginer la scène de ma mère découvrant dans sa boîte à thé un billet d'avion et un séjour de quinze jours à Madagascar…

Je l'imagine trembler.

Je l'imagine pleurer, puis, sourire…

Et surtout, je l'imagine là-bas, en vrai, vivre son rêve à elle.

Sur le dos de l'enveloppe, elle lira : *quand on rêve, il faut partir…*


Pour la première fois de ma vie, j'emmène avec moi, mille rêves pour demain et le premier " je t'aime " murmuré de ma mère…

C'est bien plus que n'importe quel billet d'avion.

Il est 6h28 du matin.

Alors que le taxi démarre, mon regard se porte sur la fenêtre de sa chambre. Juste à l'étage.

Le rideau est grand ouvert.

Ma mère est là.

Je pars, et, elle me regarde…

**Autres embarquées** (terminées et à paraître)


« L'asile et le garde fou »
Roman

« Rêve Tanzanien »
Roman

« Téo : le couloir des trois lunes » ( Vol 1 sur 9)
Roman Science-Fiction

« De toutes les fées »
Livre enfant illustré

« Cent chansons sans mélodie»
Chansons & Poèmes


Et puis, vous écrire… MERCI

oliviermailleux73@gmail.com